José Zorrilla

Un año y un día

Barcelona **2024**
Linkgua-ediciones.com

Créditos

Título original: Un año y un día.

© 2024, Red ediciones S.L.

e-mail: info@linkgua.com

Diseño de cubierta: Michel Mallard.

ISBN tapa dura: 978-84-9953-660-6.
ISBN rústica: 978-84-9816-286-8.
ISBN ebook: 978-84-9897-900-8.

Sumario

Brevísima presentación

La vida

José Zorrilla (Valladolid, 1817-Madrid, 1893). España. Tras estudiar en el Seminario de Nobles de Madrid, fue a las universidades de Toledo y Valladolid a estudiar leyes. Abandonó los estudios y se fue a Madrid. Las penurias económicas le hicieron a vender a perpetuidad los derechos de Don Juan Tenorio (1844), la más célebre de sus obras. En 1846, viajó a París y conoció a Alejandro Dumas, padre, George Sand y Teophile Gautier que influyeron en su obra. Tras una breve estancia en Madrid, regresó a Francia y de ahí, en 1855, marchó a México donde el emperador Maximiliano lo nombró director del teatro Nacional. Publicó un libro de memorias a su regreso a España.

Personajes

Caín, Capitán pirata
Don Pedro
Dos marineros piratas
Elena
Rodulfo
Tomás
Un marinero de la Marina Real

Acto I

La Escena es en la isla Cabrera, una de las Baleares. Siglo XVII.

Introducción

Playa desierta en la isla Cabrera. Mar en el fondo. Rocas a la derecha. La acción empieza al anochecer de un día de Junio.

Escena I

El mar empieza a calmarse después de una tempestad, y la noche va cerrando. Don Pedro aparece bajando por los peñascos a la playa, desde donde contempla el mar, sentándose en una piedra.

Don Pedro   ¡Esto va malo, Perico!
        No es esta vida salvaje
        para quien ha estado siempre
        entre seres racionales.
        Ello es verdad que no habiéndolos
        aquí, tampoco hay percances
        de escribanos ni alguaciles...,
        y esto ¡qué diablo! algo vale.
        Aquí nadie me pregunta
        ni exige pruebas legales
        que acrediten que soy Pedro,
        Diego, Juan, Antonio o Jaime;
        mi oficio, mi ocupación,
        qué casa vivo y qué calle.
        Todo eso es verdad, sin duda,
        y una ventaja muy grande
        para hombres que, como yo,
        no gustan de que se hable
        mucho de ellos: mis asuntos,
        al cabo a nadie le atañen.

Pero ajustando las cuentas
en limpio, y por otra parte
viendo el negocio, es muy duro
que un hombre la vida pase
como un lobo entre las peñas,
los espinos y los árboles,
durmiendo en una caverna,
de peces alimentándose,
y esperando a que la mar
le arroje algo que le cuadre,
presa arrancada a otro pobre
por traidores temporales.
¡Oh, y el de hoy fue cosa horrenda,
hizo noche a media tarde!
Esto va malo, Perico...;
mas de la vista al alcance
flota en el agua un objeto,
dos, tres... ¡Bah! Dios te lo pague,
Levante amigo, que empujas
hacia tierra el oleaje,
Y es un barril... ¡Haga el diablo
que no sea de vinagre,
que a fe que no necesito
ácidos que abran el hambre!
¡Hola, hola, y cómo pesa!
y allí viene un cajón grande
y más allá veo un fardo
y otro barril: ¡oh, santo ángel
de mi guarda! y esto es vino,
y esto pólvora.

Voz en el mar   ¡Amparadme,
                        Santo Dios!

Don Pedro	¡Cielos, qué acento!

Voz	¡Ay de mí!

Don Pedro (Mirando.)
>   Del agua sale:
> ¡oh, sí, lo veo, es un náufrago!

(Haciendo seña con las manos.)

> ¡Eh, buen hombre, ánimo; nade
> un poco más, y está en salvo!
> No me escucha... ¡Oh! se desase
> del palo a que se agarraba;
> no puede más..., a salvarle
> voy, si es que alcanza su vida
> hasta que llegue a esperarme.

(Se arroja al mar, y queda un momento sola la Escena.)

Escena II

Don Pedro y Elena

(Pedro trae a Elena desmayada y la pone sobre las piedras.)

Don Pedro
>   Dios quiera que aun sea tiempo
> de salvarla... ¡Oh! Hubo un instante
> en que temí por los dos,
> del agua con los embates.
> ¡Infeliz! Perdió el sentido
> antes de que yo llegase,
> y ya, a merced de las olas,
> estaba próxima a ahogarse.

Si un sorbo de vino al menos
pudiera hacer que tragase...
¡Vamos a ver!

(Toma una concha, vierte en ella unas gotas del licor que contiene el barril,
y se lo hace tragar.)

Elena   ¡Ay!

Don Pedro   Respira.

Elena   ¿Dónde estoy?

Don Pedro   En un paraje
seguro ya, aunque no ofrece
sobradas comodidades.
Ea, bebed, que ahora es fuerza
reponerse y calentarse,
porque el baño ha sido largo
y peliagudillo el lance.

Elena   Y vos, hombre generoso,
que sin duda por salvarme,
vuestras ropas aun mojadas
muestran que al mar os echasteis,
¿quién sois? ¿Que país es éste?

Don Pedro   Contestación no muy fácil
tienen esas dos preguntas,
señora..., mas escuchadme,
aunque no den mis palabras
gran consuelo a vuestros males.
La tierra en que estáis es una
de las islas Baleares.

Elena	¡Oh! ¿Cuál de ellas?
Don Pedro	La Cabrera.

Pero no hay más habitantes
que nosotros en su suelo,
y no siendo útil a nadie,
rara vez aporta un buque
a sus riberas salvajes.
Ha tiempo había una torre,
de la cual eran guardianes
diez soldados españoles;
mas dos o tres años hace
que un día los degollaron
unos piratas de Tánger.
Por lo que toca al país
os he dicho lo bastante;
y en cuanto a mí, de mi historia
no habrá mucho que relate.
Soy mallorquín: mis negocios
me hicieron al mar lanzarme
de un pescador en un bote,
y el mar me echó a estos lugares.
Un mes ha que estoy en ellos,
y puesto que a ellos llegasteis,
contándoos cómo vivo
no hay para que más os canse.

Elena	¡Ay de mí! ¿Conque en tal caso
	no hay medio de abandonarles?

Don Pedro	Ninguno, como algún buque
	no nos descubra, que pase,
	o algún águila marina

de los pelos no nos saque;
lo cual, señora, ya veis
que sería extraño viaje.

Elena   Y ¿qué hacer?

Don Pedro   Nada; ponerse
en manos de Dios, estarse
noche y día en atalaya,
por si llegar vemos alguien
que nos socorra, y vivir
en soledad agradable,
como allá en el Paraíso
nuestros primitivos padres.

Elena   ¡Misericordia de Dios!

Don Pedro   No está de más invocarle.
Mas decidme (esto, señora,
si es que se puede y os place)
cómo llegasteis aquí.

Elena   Un barco de catalanes,
a cuyo bordo a Mallorca
pasaba desde Alicante,
naufragó, perdido el rumbo
con la borrasca, y salvarme
logré, asida a ese madero,
luchando toda la tarde
con la mar, desesperada
de lograrlo a cada instante.
Esta es mi historia, buen hombre,

Don Pedro   Ea, pues Dios nos depare

buena suerte y buen auxilio.
Entre aquestos peñascales
tengo una mala barraca;
ocupadla, y que descanse
dejad al cuerpo unas horas,
mientras que pongo remate
a la colección de frutos
que la marea nos trae.
Y tiempo hay de discurrir
lo que conviene.

Elena   Ayudadme,
que estoy entumida toda.

Don Pedro   Dadme el brazo y animarse,
¡voto va el diablo!

(Éntranse por la derecha, y vuelve luego Pedro solo.)

Escena III

Don Pedro   Ea, pues,
heme aquí ya, ¡vive Dios!
en medio de este desierto,
y a la tormenta deudor
de una nueva compañera
que en mi soledad me dio.
Vaya, veamos qué es esto.
¡Hola! Barrica de ron,
un baúl...

(Le rompe con una piedra para abrirle.)

Ropa... Pistolas...

Un collar, un libro, dos,
tres, cuatro... Esto era de un sabio.
Veamos qué libros son:
«Historia de Carlo Magno
y los doce Pares...» ¡Oh,
gran libro! Tomo tercero,
«Comedias de Calderón.»
Siempre que no hablen en ellas
más personajes que dos,
bien las podemos hacer
esa compañera y yo.

(Sigue recogiendo cajones y demás objetos que el mar arroja a la playa.)

Escena IV

Don Pedro, y Elena dentro.

Elena   ¡Eh! Mirad, mirad.

Don Pedro   ¿Qué es ello?

Elena   Un barco.

Don Pedro   ¡Poder de Dios!

(Aparece a lo lejos un bergantín.)

Y es cierto; hagámosle seña;
ahí tenéis ese jirón
de mi manta... Mas ¿qué es esto?
O veo visiones yo,
o a las velas cogen rizos.
¡Sí, sí, viran a estribor,

16

dirigen aquí su rumbo!

Elena
(Desde las peñas.)   ¡Oh, mis ruegos escuchó
el cielo, y en ese barco
nos envía salvación!

Don Pedro   Botan al agua una lancha;
pero ¡válgame el Señor,
buen amparo nos envía!

Elena   ¿Qué decís?

Don Pedro   Pues ¡ellos son!

Elena   ¿Quiénes?

Don Pedro   ¿No veis los arreos?
Piratas.

Elena   ¿Cielos, hay hoy
más desdichas que apurar?

Don Pedro   Pronto ocultaos, si no
queréis que seamos hechos
cautivos ambos a dos.
Meteos entre las peñas;
puede que su expedición
no sea más que hacer agua;
y con prudencia y valor
puede que salgamos bien
y que nos ayude Dios.

Elena   Si él no lo hace...

Don Pedro	Ea, venid,

y dejadme que obre yo,
que para perdernos ambos
siempre ha de ser ocasión.

(Vanse por la derecha.)

Elena	¡Piratas! ¡Ay, esperanza

de sueño fascinador!

Escena V

Caín, Rodulfo, Tomás y dos piratas en lancha y con trajes sicilianos, pistolas al cinto, etc., etc.

Caín	Sacad a tierra esas pipas,

bajadlas a la caverna
en que el manantial se oculta,
y avisad cuando estén llenas.

(Los marineros sacan dos toneles y los llevan por detrás de las peñas a la derecha)

(A Tomás.)   Preside tú esa maniobra
y cuida que te obedezcan;
y tú, Rodulfo, colócate
de atalaya entre las peñas.
Si algo repentino ocurre
que reclame mi presencia,
la tierra de la isla es poca
y oiré al punto la seña.

(Vanse, Caín por la izquierda, y Rodulfo por la altura de la derecha.)

Escena VI

Tomás   Oscura cierra la noche,
hierve el mar y el viento arrecia.
Ya darnos caza no pueden,
nuestra nave es más velera,
y traen mucha gente inútil
y poca marina diestra.
¡ay de mí! ¡Quién otros días
suerte tal me predijera!
Así las cosas del mundo
se eslabonan y encadenan
las unas tras de las otras
y nos arrastran por fuerza
del oscuro porvenir
a la sima de tinieblas.

Escena VII

Don Pedro aparece sacando la cabeza con precaución por los peñascos;
Tomás le descubre al punto y le encañona una pistola.

Don Pedro   No siento nada; tal vez
se internaron por la tierra.

Tomás   ¿Quién va?

Don Pedro   ¡Cielos! ¡Soy perdido!

Tomás   ¡Eh! Buen hombre, sea quien sea,
échese al punto, o le meto
dos balas en la cabeza.
Entregaos.

Don Pedro	Ya me entrego.
Tomás	¿Solo estáis?
Don Pedro	Solo.

Tomás

                            Desierta
está hace tiempo esta isla:
¿cómo os encontráis en ella?

Don Pedro

Huyendo de enemistades
y voluntades siniestras,
echeme al mar en Mallorca
y el mar me echó a esta ribera.

Tomás

¿Nadáis, pues, como un salmón?

Don Pedro

No nadé, que vine a fuerza
de remos, en una barca
de un pescador.

Tomás

                        Cosa es esa
que se acerca a la verdad;
mas ¿y el bote?

(Mirando al agua.)

Don Pedro

La marea
se lo tragó, y ya hace un mes
que habito aquí entre las peñas
como un animal salvaje.

Tomás

¿Y a Mallorca no quisierais

volver?

Don Pedro   ¿A Mallorca? ¡Oh, no!

Tomás   Tenéis en aquella tierra
                 muchos amigos, sin duda,
                 pues la hacéis tal preferencia.

Don Pedro   ¡Qué queréis! Cosas del mundo.

Tomás   Ya. (Si este hombre a mis ideas
                 contribuyese.)

(Examinándole.)

Don Pedro   (¿Qué diablos
                 me examina con tal flema?)

Tomás   (Veamos.) Buen hombre, hablemos
                 ambos a dos con franqueza.
                 Yo necesito de vos,
                 y vos de quien os proteja.
                 Si me servís, yo os prometo
                 que sois libre, y las entenas
                 de aquel bergantín pirata
                 no han de saber lo que pesa
                 el cuerpo de un mallorquín
                 suspendido en una verga.

Don Pedro   ¡Oh! Sí; sea la que fuere,
                 acepto vuestra propuesta.

Tomás   Decidme, pues: para ser
                 hombre de bien en la tierra,

21

¿qué os hace falta?

Don Pedro   Dos cosas.

Tomás   Bien; dinero es una de ellas.

Don Pedro   Precisamente.

Tomás   ¿Y la otra?

Don Pedro   Otro nombre y otras señas
en mi individuo.

Tomás   ¿Queréis
cambiar conmigo las vuestras?

Don Pedro   ¿Con vos?

Tomás   Nada os dé cuidado;
caí, volviendo de América,
en las manos de esa gente,
y aunque hay razones secretas
que abandonarla me impiden,
no hay hombre alguno que pueda
reconocerme en mi patria,
pues años ha salí de ella.

Don Pedro   Si no hay peligro en mostraros...

Tomás   Ninguno.

Don Pedro   Pues cosa hecha.

Tomás   Pues tomad. Todos los años

22

volveréis por esta época
a esta isla, y hallaréis
una cantidad como ésa
donde queráis enterrada.

Don Pedro   Pero ¿qué hay que hacer por ella?

Tomás   Oíd. Con esos papeles
que contiene esa cartera
acreditaréis que sois
Tomás Ruiz de Villanueva.

Don Pedro   Que sois vos.

Tomás   Seguramente.
Escrita en una hoja de esas
veréis mi historia, que es breve;
usadla como os convenga.

Don Pedro   Bueno.

Tomás   Y siendo Tomás Ruiz
arribaréis a Marbella,
a Alicante, a cualquier punto
de España, donde os parezca.
Iréis luego a Andalucía,
y en el Valle de Purchena
hallaréis un lugarcillo
de seis casucas de tierra.
Preguntaréis por vos mismo,
tomaréis todas las señas
y noticias que allí os den
de vuestra mujer.

Don Pedro	La vuestra.

Tomás   Por supuesto. Allí hallaréis,
si por ventura no es muerta,
una hija que Dios me dio:
amparadla, protegedla,
decidla que sois su padre:
no le digáis la manera
con que vivo, y sed vos bueno,
sed indulgente con ella.
Si yo no parezco más,
lo que es fácil que suceda,
os doy todos mis derechos:
persona fiel y secreta
os llevará la noticia
de mi muerte, y suma inmensa
os entregará en mi nombre;
mas si el mensaje no llega,
seguid haciendo mis veces
y esperad a que yo vuelva.
¿Aceptáis?

Don Pedro   Acepto.

Tomás   Ahora,
tomo sobre mi conciencia
todo el mal que hayáis vos hecho.
A esta isla una galera
llegará que nos da caza,
y sabe que en estas peñas
hay una fuente, que usamos;
podéis acogeros a ella,
y pues sois ya Tomás Ruiz,
empezad vuestra comedia.

Don Pedro	Está bien.
Tomás	Pues ocultaos; y no os paséis en la cuenta, que aunque me fío de vos de tan extraña manera, no faltará quien me vengue si olvidáis vuestras promesas.
Don Pedro	De todas mis fechorías, sería esa la más necia, cuando me reporta a mí más que a nadie conveniencia.
Tomás	Contad, pues, con un amigo, y andad, que alguno se acerca.

Escena VIII

Tomás y Rodulfo

Tomás	¡Quién sabe! Acaso el destino. me depara un hombre fiel para que encuentre por él de mi ventura el camino. ¡Ah! Sin el fatal secreto que a esos inicuos me ata fuera yo por el pirata antes muerto que sujeto. Mas Rodulfo, ¡desdichado! destino tal no merece, y su destino, parece en acosarle empeñado.

Rodulfo	¡Tomás!
Tomás	Rodulfo. ¡Imprudente!
Rodulfo	No pases, buen viejo, afán:
	lejos está el capitán
	y en tranquilidad la gente.
	Y pues un momento aquí
	nos hallamos en sosiego,
	aconséjame te ruego.
Tomás	¡Aconsejarte!
Rodulfo	Oye.
Tomás	Di.
Rodulfo	Tomás, hasta aquí llegó.
	aquí mi padre me mata
	primero que del pirata
	al barco me vuelva yo.
	No volveré a ver izar
	en combinación extraña,
	de la Inglaterra y la España
	las banderas a la par.
	No quiero ver que en un viaje
	si topamos tres bajeles,
	entramos como de infieles
	en los tres al abordaje.
	Bajo un pabellón lidiar,
	sea el que sea, eso es valor.
	¿No lo es a todos traidor
	correr con todos la mar?

Y en fin, es cosa segura,
pese al capitán o no,
en esta isla tendré yo
libertad o sepultura.

Tomás   ¡Tan resuelto!

Rodulfo   Sí, Tomás;
y pues tú mi solo amigo
fuiste siempre, tú conmigo
libre o muerto quedarás.

Tomás   ¡Ah! El capitán, pobre niño,
tal vez te dé esa licencia,
porque, en Dios y en mi conciencia,
te tiene mucho cariño.
Pero a mí..., nunca lo esperes.

Rodulfo   ¿Y por qué? ¿No sabe acaso
que sin ti no ha dado un paso
desde que nací? ¿Que me quieres
como a un hijo? ¡Oh! Yo me atrevo
a asegurar que consiente
en que dejemos su gente.

Tomás   Y yo consentir no debo
que en mi nombre le supliques,
porque a la primer sospecha,
Rodulfo, a la mar nos echa...

Rodulfo   Por Dios, Tomás, que te expliques.

Tomás   Mira, Rodulfo: yo fui
quien los primeros abrazos

te dio, y en mis propios brazos
al nacer te recogí.
Desde aquel día fatal
no me he separado un punto
de ti, y pensaba difunto
dejar compañía tal.
Tú, que no puedes memoria
conservar de tu niñez,
ni aun te imaginas tal vez
tu desventurada historia.
Mas yo, que la tengo escrita,
Rodulfo, en mi corazón,
medito tu salvación,
y hasta el descanso me quita.
No, no; con razón ninguna
podemos ni tú ni yo
vivir con quien nos juntó
nuestra maldita fortuna.
Pero sigue mi consejo:
si tú te quieres salvar,
a mí no me has de nombrar,
que los conozco y soy viejo.

Rodulfo   No sé, Tomás, qué adivino
de siniestro en tus palabras.

Tomás   Sigue mi consejo, y labras
tu destino y mi destino.

Rodulfo   Y ¿qué, me tengo de hacer
sin tus consejos en tierra,
si en el llano o en la sierra
no sé los peligros ver?
Los que en la mar nos pasamos

nuestra vida, ¿qué valemos
en tierra si no tenemos
uno tras de quien vayamos?
Seré... infeliz o dichoso;
pero ¿piensas que sin ti
pueda olvidar que hoy aquí
dejo un hombre generoso?
Ya me depare mi suerte
una opulenta fortuna,
ya oscura como mi cuna
ruede mi vida a mi muerte,
Tomás, tú en mi corazón
vivirás siempre conmigo,
en mis placeres amigo,
y consuelo en mi aflicción.
Sí; pediré al capitán
nuestra licencia; los dos
juntos, que juntos por Dios
nuestros destinos están.

Tomás   ¡Hijo mío, así te quiero,
                             noble y generoso, así!
(Con entusiasmo.)   ¡Bien veo, Rodulfo, en ti
                             tu valor de caballero!

Rodulfo   ¿Qué dices, Tomás? Mi padre...

Tomás   Calla, ¡por Cristo, imprudente!

Rodulfo   Pero...

Tomás   A pesar de esa gente,
                             vive en ti tu noble madre.

Rodulfo
(Con tristeza.)   ¡Mi madre!

Tomás   ¿Qué te entristece?
                         ¿Te pesa de asemejarte
                         a tu madre?

Rodulfo   A confesarte
                         la verdad, no me parece
                         bastante esa semejanza.
                         De mi padre la quisiera,
                         porque con ella creciera
                         más hidalga mi esperanza.

Tomás   Pues, en fin, al tiempo aguarda,
                         que quien tuvo buena madre,
                         bien puede tener buen padre.

Rodulfo   O ella una pasión bastarda.
                         Porque mi padre, lo ves,
                         es ya de rapiña un ave
                         que solo hacer presa sabe
                         con las alas y los pies.
                         Tomás, ¡Dios me lo perdone!
                         pero siento a mi pesar
                         que jamás le podré amar
                         aunque el ser padre le abone.
                         Y si no es por el amor
                         que tú siempre me has mostrado,
                         al mar me hubiera arrojado
                         mil veces en mi furor.

Tomás   ¡Ay, Rodulfo, ya lo sé!
                         Yo, que a tu lado he dormido

tantos años, conocido
tu corazón tengo a fe.
¡Cuántas veces escuchándote
bajo pesadilla horrible
luchar, a la lid terrible
puse yo fin despertándote!
¡Cuántas veces al salir
ese fatal pensamiento
de tu boca, ahogué tu aliento
por si él lo podía oír!
Rodulfo, tienes razón:
ya acompañarnos no debes,
y si a dejarnos te atreves,
no pierdas esta ocasión.

Rodulfo   Sin ti, imposible será.

Tomás   De rodillas te lo pido:
              no me nombres, o perdido
              tu porvenir todo está.

Rodulfo   No alcanzo por qué misterio...

Tomás   No le intentes comprender,
              porque es forzoso ceder
              a su poderoso imperio;
              y te lo digo otra vez,
              aunque te canse mi afán...
              Mas viene allí el capitán,
              ten en cuenta su altivez.

Rodulfo   Mi puesto voy a ocupar,
              Tomás; y antes de partir
              mi padre, aquí me ha de oír,

o aquí me habrá de matar.

(Sube.)

Tomás

¡Oh bizarro corazón,
cómo tu sangre conoces,
y cómo te dice a voces
tu origen, tu inclinación!

Escena IX

Tomás, y Caín

Caín

¿Qué hace esa gente? ¿Tenemos
acaso el tiempo de sobra,
cuando ingleses nos dan caza
y está cercana la aurora?
Baja a la gruta y aguíjalos.

Tomás

Capitán, ved que son hondas
las pipas.

Caín

¡Eh! Que las llenen
pronto, y si no, que las rompan.

Escena X

Caín. Después Pedro.

Caín

Nada penetran los ojos
por esas tinieblas lóbregas;
mas ¿quién sabe lo que ocultan
en su oscuridad recóndita?
¿Adónde está ese muchacho?

(Al subir por las rocas, como buscando a Rodulfo ve la entrada de la cueva donde se oculta Pedro.)

>Pero ¿qué tenemos? ¡Hola!
>No conozco esta abertura,
>y allá arriba hay una choza
>metida entre los peñascos:
>¿quién este desierto mora?
>Ese rumor... Aquí hay gente
>guarecida... Una pistola
>meto dentro... ¡Eh! En esa gruta
>quienquiera que esté responda,
>o muero como un gazapo.

Don Pedro   ¡Teneos, teneos!

Caín   ¡Hola!
              ¿Quién eres tú?

Don Pedro   ¿Yo? Un perdido
              a quien echaron las ondas
              a estas riberas desiertas.

Caín   ¿De dónde eres?

Don Pedro   De Mallorca.

Caín   ¿Quién está contigo?

Don Pedro   Nadie.

Caín   Pues qué, ¿el mar se tragó toda
              la tripulación del barco

que montabas?

Don Pedro   Más persona
no había dentro que yo.

Caín   Explícate, y sea con pocas
palabras si amas tu vida
y conservarla te importa.

Don Pedro   Pues bien; yo hice en, mi país
unas cuantas de esas cosas
en que, contra gusto de uno,
cartas la justicia toma,
y no gustándome mucho
que de cerca me conozca,
así un bote a un pescador
y echeme a la mar traidora.

Caín   Y poco, diestro, sin duda...

Don Pedro   En eso acaba mi historia.

Caín   ¡Oh! Parece que eres hombre
capaz...

Don Pedro   De cualquiera cosa.

Caín   Y ahora, ¿qué piensas hacerte?

Don Pedro   Aguardar la suerte loca:
nada tengo que perder;
cuanto logre, pues, me sobra.

Caín   ¿Tienes afición al mar?

Don Pedro	No mucha, que es veleidosa
	el agua, y se muda inquieta
	según el viento que sopla.

Caín	Y si te vieras en tierra,
	¿fueras hombre cuya boca
	guardar supiera un secreto
	y mandar una maniobra?

| Don Pedro | Sin duda. |

Caín	¿Serías hombre
	para acudir a la costa
	en un día convenido
	con una respuesta pronta?

Don Pedro	¿Qué inconveniente tendría?
	Nadie me sujeta ahora,
	y al servicio de cualquiera
	puedo entrar, si me acomoda.

Caín	¿Tienes talento y constancia
	para armar una tramoya
	y enredar una novela?

Don Pedro	No habrá juglar que se ponga
	tanto disfraz como yo
	si usar de muchos importa.

| Caín | Y si te ponen a prueba, |
| | ¿cantarás la palinodia? |

| Don Pedro | Lo que está en mi corazón, |

                                    allí se pudre y se ahoga.

Caín   ¿Y si con arpones de oro
                                    te lo pescan?

Don Pedro   Si en mi bolsa
                                    hay una sola moneda,
                                    en vano han de echarlos.

Caín   Toma;
                                    para dos meses hay harto:
                                    al fin de ellos, a la costa
                                    te acercarás de Marbella,
                                    sabiendo cuántas personas,
                                    cuántos bienes, cuántas rentas,
                                    en fin, cuanto corresponda
                                    a la familia de un conde
                                    que a una expedición remota
                                    salió de España.

Don Pedro   ¿Su nombre?

Caín   Cuanto a este negocio toca,
                                    de mi bergantín a bordo
                                    sabrás: te daré las notas
                                    y documentos precisos
                                    para cambiar tu persona
                                    en la de otro hombre, que a bien
                                    que no saldrá de las ondas
                                    a desmentirte, y te haré
                                    tomar tierra en cierta costa
                                    adonde no ha de alcanzarte
                                    la justicia de Mallorca.
                                    ¿Te acomoda?

Don Pedro   Sí.

Caín   Está bien:
                    y si mis planes se logran,
                    tendrás tierras e hidalguía,
                    y aun puede que esclavos y honra.

(Hace Caín una señal con un pito que lleva colgado al cuello, y mientras
aparece a esta señal Tomás, dice Pedro:)

Don Pedro   Fortuna te dé Dios, hijo,
                    dice el refrán, y te sobra
                    lo demás. Esta mañana
                    mi esperanza era tan corta,
                    que no ocupaba extendida
                    el espacio de una ostra;
                    me estorbaba hasta mi nombre;
                    y al cabo de pocas horas,
                    tierra y mar tengo por mío,
                    represento tres personas,
                    dirijo grandes negocios
                    y espero hidalguía y honra.
                    ¡Bah! Tiene razón quien dice
                    que este mundo es una bola,
                    y que la empuja el demonio
                    del lado que se le antoja.

Escena XI

Caín, Pedro y Tomás

Caín   Ve aquí un nuevo compañero
                    que ha de venir con nosotros;

37

mas la alianza es secreta.
Cuando volvamos a bordo,
con nosotros ha de ir;
llévale, pues.

Tomás (A Pedro.)   Si capcioso
lazo me tiendes, te juro
que ves de la mar el fondo.

Don Pedro   Dime, ¿impiden tus asuntos
los que interesan a otro?
¿No puede un hombre de dos
ser agente de negocios?

Tomás   Pues bien, ni tú me conoces
desde hoy, ni yo te conozco:
no haya palabra ni seña
en el buque entre nosotros;
sirvámonos mutuamente,
mas en secreto.

Don Pedro   En un pozo
echaste el tuyo.

Tomás   Él conserva
tu cabeza entre tus hombros.

Don Pedro   Juguemos limpio y vivamos.

Tomás   Eso mismo te propongo.

Don Pedro   Y eso admito.

Tomás   Vamos, pues.

Caín gusta de estar solo.

Escena XII

Caín

Sí, si: fuera del mar se necesita
una morada incógnita y segura:
ya mi sed de vagar se debilita,
ya deseo quietud, calma y holgura.
Hoy un oculto espíritu me incita
otra vida anhelar y otra ventura.
Con el oro que tengo y con mi aliento,
¿a qué no puede osar mi pensamiento?
Buques tendré en el mar que me acarreen
espléndido botín; tendré en la tierra
viles esclavos que su vida empleen
mi reposo en velar; tendré en la sierra
monteros que a mi antojo me la ojeen,
y haré a los osos y a los ciervos guerra;
y en fin, con mi osadía y con mi plata,
más que cualquiera rey será el pirata.

(Elena asoma.)

Sí; tomaré ese nombre y esa historia:
dentro de mí se encerrarán dos seres,
ambos con gran poder, ambos con gloria:
y si hay alguien que pueda mis placeres
turbar, guardando de quién fui memoria,
antes que ose traidor decir: «Tú eres...»
aunque tenga por medio una alpujarra
le cortará la voz mi cimitarra.

Escena XIII

Elena y Caín

Elena

No tan pronto será, que no te lance

tu ingratitud al rostro.

Caín   ¡Dios! ¿Qué veo?

Elena   Ni tan pronto será, que no te alcance
                       su suplicante voz.

Caín   ¡Que sueño creo!
                       ¡Oh! ¿Y es en realidad la misma Elena,
                       o es ilusión que engaña mis sentidos?

Elena   No, no; de amor y de esperanza llena,
                       Elena es la que habla a tus oídos.

Caín   ¿Quién te trajo a esta playa?

Elena   El aire incierto,
                       la tempestad, el mar, tu mala estrella.

Caín   La tuya sí que te ofreció mal puerto,
                       pues que te trajo a dar conmigo en ella.

Elena   ¡Oh! No tan malo si a encontrarte acierto,
                       que largo tiempo rastreé tu huella;
                       y navegué, segura de encontrarte,
                       sin más rumbo ni afán que el de buscarte.

Caín (Con frialdad.)   Pues bien; heme aquí ya, di, ¿qué me quieres?

Elena   ¿Eso preguntas tú que me conoces?
                       ¿No tienes corazón? ¿De mármol eres?
                       ¿No te lo dice tu conciencia a voces?
                       Me amaste y te adoré; partí contigo
                       el placer y el dolor; en la montaña,

40

a los tuyos y a ti franqueé un abrigo...
¿Hallarme, si esto sabes, qué te extraña?

Caín

Y bien, ¿qué se te antoja? ¿Qué apeteces?
¿Oro? Rica serás. La tierra es tuya;
libre como las aves y los peces,
busca mansión, mas húyeme.

Elena

               ¡Que huya,
hombre sin corazón! ¿Con tierra y oro
pagarás el amor que hay en el mío?
¡Quieres pagar con brezos un tesoro!
Mas tiembla.

Caín
(Con desprecio.)   ¡Eh! De esa cólera me río.

Elena

¿Te olvidas de que fui tu compañera?
¿Que sé, desde el momento en que naciste,
tu historia toda entera?
¿Te olvidas que mi amor y mi esperanza
pueden tornarse en bárbara venganza,
tus crímenes contando por doquiera?

Caín

Cuéntalos en buen hora. ¿Qué hay en ellos
que no tenga su origen
en esas leyes que a los pueblos rigen,
y que dan a sus súbditos los reyes
sin preguntar si necesitan leyes?
Yo buscaba en Sicilia
mi pobre vida; en mi batel pasaba
una y otra vigilia,
y un pedazo de pan a mi familia
con mi sudor compraba.

Te amé, y viví feliz entre peligros
que siempre despreció; pero ¿qué hicieron
las leyes con nosotros? Remolcaron:
nuestro barquillo y en la mar lo hundieron
después, defraudadores nos llamaron,
por las peñas después nos persiguieron,
y al pobre que cogieron,
en los robles del monte la colgaron.
¿Qué pudimos hacer? Como nosotros,
nuestros padres también vivido habían;
no nos dejaron otros
oficios ni caudales, ni podían.
Cual fieras acosados,
de nuestro hogar lanzados,
sin amparo en la tierra,
la sociedad nos arrojó en su encono;
y salimos al mar a hacerla guerra,
y en él buscamos libertad y trono:
y desde entonces, sí, la tierra toda
nuestra enemiga fue, y la tierra ingrata
pagó tributo al vencedor pirata.
Tal es mi historia, y de lo que haya en ella
a la razón contrario,
no me culpen a mí, sino a mi estrella.

Elena   Mas cuando al mar salías
por la primera vez, y a las bravías
olas del mar tu porvenir fiabas,
el solo ser de quien fiar podías,
en la ribera sin piedad dejabas.

Caín (Con amargura.) Y allí dejé también padres y hermanos;
cuanto pude querer quedó en Sicilia.
La sangre en que a teñir iba mis manos,

¿alcanzara a mi amor, a mi familia?
No: ¿cómo fuera el tigre carnicero
camarada del tímido cordero?

Elena

La falta de poder, amor la abona:
sí, la mujer que osaba en la montaña
contra la ley abrirte su cabaña,
hubiera sido junto a ti leona.

Caín

Tú deliras, mujer. Sobre mi nave
sería tu presencia
de la muerte de entrambos la sentencia.

Elena

Tu salvación, ¿quién sabe?

Caín

Ea, no hablemos más; he renunciado
a todo cuanto he sido,
ignoro mi pasado
y de mi porvenir tampoco cuido.
Mujer, no hablemos más, se me ha olvidado
si en tiempo más feliz te he conocido.

Elena

¿Conque quiere decir que así inhumano...

Caín

Quiere decir que sé tu desventura,
mas no tendré la estúpida locura
de tenderte una mano.
Tu suerte en esta isla te dio puerto,
y no saldrás por mí de este desierto.

Elena

Pues bien; sea en buen hora,
abandóname y huye, porque acaso
antes que raye la vecina aurora,
una nave velera

que a la tuya da caza,
en esa roca alcanzará una hoguera.

Caín

¡Ira de Dios! Y entonces.....

Elena

Entonces..., lo que en ella aun no se sabe,
se sabrá..., sí, las señas, patria, nombre,
y la historia, por último, del hombre
que va en aquella nave.

Caín

Pues tú también la montarás conmigo,
pero el mar te abrirá tumba escondida.

Elena

Yo no temo la mar; es mi destino
que respete mi vida
para abrir contra ti siempre el camino:
dos veces me tragó y me dio salida.

Caín

No me tientes, mujer. Calla, y no cierres
la suya a tu existencia,
a prueba tal poniendo mi paciencia.

Elena

No hay medio, no; o amigo, o enemigo:
si aceptas la amistad, pronto partamos;
si enemistad, veamos;
el cielo y la razón están conmigo.

Caín

Pues bien; tu cielo y tu razón, si pueden,
contra mi fiera voluntad te ayuden.

(Pone mano a una pistola del cinto. Elena huye subiendo por los peñascos.
El pirata espera a que llegue a lo alto, y apuntándola seguramente, hace
fuego. Elena da un grito y cae del otro lado de las peñas, fuera de la vista
del público.)

| Caín | Veremos el favor que te conceden, |
| | y en tu favor los cielos cómo acuden. |

Escena XIV

Caín, Tomás, Rodulfo y Pedro

| Tomás | ¿Qué es esto? |

| Caín | Nada. |

| Rodulfo | Padre, ¿y ese tiro? |

| Caín | Contad si de vosotros falta alguno. |

| Rodulfo | Al revés; según veo, sobra uno. |

Caín	Entonces, ¡vive Dios! solo fue ruido.
	Ya sabéis que aun en medio de las olas
	no erró el plomo jamás de mis pistolas.
	¿Y nuestra gente?

| Tomás | Ya espera |
| | en el bote con la carga. |

| Caín | Al agua, pues, que no es larga |
| | la noche, como quisiera. |

| Rodulfo | Antes, padre, de partir, |
| | quisiera hablaros a solas. |

| Caín | Mi gente es sorda, y las olas |
| | tus palabras no han de oír; |

me lo dirás en el mar.

Rodulfo   En el imposible toca;
lo que salga de mi boca,
en tierra se ha de quedar.

Caín   Rodulfo, el tiempo nos falta;
déjalo para después.

Rodulfo   Capitán, imposible es.

Caín   Pues en la verga más alta
sobre una cuerda, y... ¡cuidado
con ocuparla!

Rodulfo   Ese extremo
de vuestra crueldad no temo,
que estoy bien determinado.
Acordaos de una tarde
en que debisteis la vida
a que recibí esta herida,
(La muestra.)   que os destinaba un cobarde.
Entonces me concedisteis
lo primero que os pidiera,
y ésta es la ocasión primera;
cumplid lo que prometisteis.
En tierra os tengo de hablar,
o mirad lo que escogéis;
prefiero que me matéis
a volver con vos al mar.

Caín (A Tomás.)   Tomás, si llego a entender
que fue tu lengua atrevida,
puedes rezar por tu vida.

Tomás	Lo haré así, si es menester.
Caín	Pues ve a esperar tu sentencia.

Escena XV

Caín, y Rodulfo

Caín (A Rodulfo.)	Empieza tú, que ya escucho, pero no te alargues mucho, que tengo poca paciencia.
Rodulfo	Lo que tengo que deciros no os causará largo afán; se reduce, capitán, a que no quiero seguiros.
Caín	Qué, ¿tienes miedo a los peces, o es que la gente que tengo no te acomoda? Convengo en que algo ruda es a veces. Mas ¿qué lo quieres hacer? No se puede un bando echar para que vengan al mar piratas donde escoger. Y a más, no encuentro motivo, porque siendo mi hijo tú, quien te ofenda ¡Belcebú me lleve si queda vivo!
Rodulfo	Padre, os lo dije, no quiero vivir más en una nave cuyo capitán no sabe

47

cuál bandera usar primero.

Caín

Y ¿no es fortuna, en verdad,
por entre el mundo enemigo
poder arrastrar consigo
su mundo y su libertad?
¿Qué califa te da leyes?
¿Quién puso a mi barco nombre?
¿Quién dijo: mandan a ese hombre
esos o los otros reyes?
Todos los mares visito,
y siempre por mi valor,
en todos, como señor,
tomo lo que necesito.
Y si hay razón para dar
a un hombre un reino en la tierra,
¿por qué no ha de hacerse guerra
por el imperio del mar?

Rodulfo

Es otro mi pensamiento,
padre.

Caín

Y ¿adónde has de ir
que no tengas que decir
tu nombre y tu nacimiento?
¿Piensas que ha de darte plata
y fortuna tu conciencia?

Rodulfo

Y qué, ¿no hay otra existencia
que valga la del pirata?
Vos, ceñidas las pistolas
para dormir y velar,
no hacéis más que cavilar
vuestros secretos a solas.

48

No lleváis jamás con vos
ni otro hermano, ni otro amigo;
el mar es vuestro testigo,
y la suerte vuestro Dios.
La fuerza es la única ley
que en el barco se respeta;
y si esa ley os sujeta,
¿de qué os vale ser el rey?
República del más fuerte,
porque otro no os avasalle,
no hay más medio que aplicalle
una sentencia de muerte.
Una queja suelta apenas
de los labios, basta a veces
para llamar a los peces
colgado de las entenas.
¿Eso es vida? ¿Eso es fortuna?
¿Qué vale tanto botín,
si para gastarlo al fin
no llega ocasión alguna?
Y por último, señor,
o en tierra me abandonáis,
o lo que de amor no hagáis,
yo lo he de hacer de furor.
A la mar me arrojaré.

Caín

Hola, y el mozo está lleno
de bríos, y de algo bueno
será capaz.

Rodulfo

       Sí seré,
y así, capitán, lo espero;
mas pues cada cual se fragua
su suerte, cual vos en agua,

en tierra la mía quiero.

Caín

Y desde hoy te quiero más,
que mozo con tanto brío,
que hacer dará al lado mío
aun al mismo Satanás.
Conque vaya, echa adelante,
que en la primera ocasión,
dónde gastar un doblón
no ha de faltar a un tunante.

Rodulfo

Padre, un paso no daré,
ya os lo dije. Y que no ha habido
nadie que os haya pedido
lo que yo, también lo sé.
Pero en vano me acosáis;
con vuestra gente no puedo,
y en esta isla me quedo,
o en esta isla me matáis.

Caín

¡Ira de Dios! Cosas tales
están pasando por mí,
que estoy por saciar en ti
todo el furor de mis males.

Rodulfo

Hacedlo si se os antoja,
y acabad los míos hoy,
porque vuestra sangre soy,
y os juro que me sonroja.
Tener padre, y padre tal
sin patria y sin religión,
está con mi corazón
aviniéndose muy mal.

Caín	¡Víbora de sangre ingrata, ¿así pagas ¡pese a mí! la existencia que te di?
Rodulfo (Con desprecio.)	¡Con el nombre de un pirata!
Caín (Con brío.)	Con su nombre y su poder, con su oro y su libertad.
Rodulfo	Y una horca en la ciudad donde irlo todo a perder.
Caín	¡Voto a...! Mas dejemos eso, porque siento que si dura, me va a faltar la cordura..., y el amor que te profeso no ha de poderme tener: y pues tan claro me anuncias que a mis favores renuncias, tú solo lo has de perder. Acércate acá, rapaz, y escucha lo que te digo, que soy tu padre, y tu amigo aunque eres algo tenaz. Lléveme el diablo si atino qué afán tienes en largarte a tierra, mas por mi parte, busca en ella tu destino. Mas oye: si otro que tú tal intento me propone, hoy mismo en marcha se pone a cenar con Belcebú. Te haré parte en el botín:

vive, y en ninguna parte
vuelvas, Rodulfo, a acordarte
de tu capitán Caín.
¡Aquí la gente...

Rodulfo   Señor,
              pues parto, y largo quizás...

Caín   Muchacho, no hables ya más,
              que no eres predicador.

Escena XVI

Caín, Rodulfo y los piratas

Caín   Oíd: habida atención
              a lo bien que se ha batido,
              la vida le he concedido
              a este mozo, a condición
              de que aquí se ha de quedar,
              en donde nadie reside;
              y que si otro me lo pide,
              le echo por respuesta al mar.
              ¿Lo oís? ¡Ea pues, al bote!
(Dispérsanse todos.)
(A Rodulfo.)   Toma ese oro que te toca.
(A los suyos.)   y el que descosa la boca,
              está mal con su cogote.
              ¿Tomás?

Escena XVII

Caín, Rodulfo y Tomás

Caín (A Tomás.)	Te has portado bien;
	y pues de todo ignorante
	va, sea libre y que medre,
	que hombre es, y la tierra grande.
Tomás	(Si un día me ayuda el cielo,
	¡vive Dios que ha de pesarte!)
Caín	(Ya no hay nadie que me venda,
	que hablen los muertos no es fácil.)
	Conque al agua. Adiós, muchacho.
Tomás	Rodulfo, que Dios te ampare.
Rodulfo	¿Así se olvida de un hijo?
	Tomás, bien hago en dejarle.

Escena XVIII

(Los piratas y Pedro entran en el bote y desaparecen. A poco el bergantín pirata tiende velas y sigue su rumbo. Rodulfo queda en la playa viéndolo partir.)

Rodulfo	Heme aquí solo, ¡ay de mí!
	pero estar solo más vale
	que en la odiosa compañía
	de esos corsarios infames.
	Mas no pensemos en ello;
	Dios, que los secretos sabe
	del corazón de los hombres,
	no querrá desampararme.
	Aquí hay pólvora, y un arma;
	en aquestos peñascales
	voy a encender una hoguera
	por si algún buque al alcance

pasa de esta isla, que entienda
que implora su auxilio alguien.

(Mete unas hojas en la cazoleta de una pistola, y al fogonazo las enciende,
levantando a poco llama que alimenta con brezos, etc.)

Y aquí me siento a espiar
la inmensidad de los mares,
y a esperar a que sus ondas
me den camino o me traguen.
Llama en que arde mi esperanza,
dura, dura, y no te apagues,
y cual te doy yo alimento,
fuerza y esperanza dame.

Elena (Dentro.)   ¡Ay!

Rodulfo   ¡Qué voz! De ese desierto,
¿quién puede ser habitante?
Ilusión mía, sin duda:
no, entre aquellos matorrales
oigo rumor, algo veo
que se agita en su ramaje.
¿Quién va allá?

Elena (Dentro.)   Quienquier que seas,
por el cielo santo ampárame.

Rodulfo   ¿Dónde estás?

Elena   Estoy acaso
de la vida en los umbrales,

Rodulfo   Aguarda a ese precipicio

que busque por dónde baje.

(Desaparece por detrás de las peñas, y vuelve con Elena.)

Escena XIX

Rodulfo y Elena

Elena   No puedo ya más, detente,
                   déjame aquí que descanse.

Rodulfo   Recóbrate y di qué puedo
                   hacer por ti. ¡Cielos! ¡Sangre!
                   ¡Oh, sí, sí, comprendo ahora
                   el pistoletazo de antes!

Elena   ¡Ay! Las fuerzas me abandonan.
                   ¡Fallezco!

Rodulfo   ¡Ah, no, no; aun late
                   su corazón, late el pulso!

(Un buque pasa a lo lejos.)

                   ¡Santos del cielo, una nave!
                   ¿Si distinguirán mi hoguera?

(El buque sigue cruzando.)

                   Pasa..., sí; ¡todo es en balde!
                   ¡Ah! Probemos.
(Tira un pistoletazo.)   Pasa: ¡inútil!
                   El ruido sofoca el aire,
                   no hay esperanza ninguna.

(El buque tira un cañonazo.)

¡Gracias, Dios mío, Dios grande!
Por aquí llega una lancha:
¡ea, corazón, ensánchate,
la suerte te da la mano,
y un nuevo mundo se te abre!

(Llega el bote con marineros.)

Escena XX

Rodulfo, Elena y dos marineros

Marinero   Es un pirata.

Rodulfo   Ellos fueron
quien, en esta isla dejándome,
a morir me condenaron.

Marinero   Sí, es de ellos.

Rodulfo   Amigos, padre,
cuanto amé les abandono
por no seguirles.

Marinero   Y ¿qué hace
ahí esa mujer? ¿Quién es?

Rodulfo   Víctima de sus maldades.

Marinero   ¿Vive?

Rodulfo   Sí.

Marinero   Venga a la lancha.

Rodulfo   Gracias.

(Ponen en el bote a Elena.)

Marinero   Remar, y adelante.

(Entra Rodulfo en el bote y se alejan remando.)

Acto II

Campo. A la derecha, una caseta o ruina de ermita, cuyo interior esté a la vista. A la izquierda, en el fondo, una cruz de hierro con una puerta o trampa secreta en el pedestal. Árboles y maleza. Anochece.

Escena I

Gil, que aparece
en Escena al alzar
el telón.

Receloso anda don Pedro;
parece que su amistad
con ese Conde... ¡Ha visto uno
tantas de estas cosas ya!
En fin, todo en esta vida
se acaba, y no es de extrañar
que amistades mal trabadas
vengan a acabarse mal.
Mas tarda mi amo; el caballo
mandome a esta hora ensillar
y sacársele a este punto
y a esta hora... Y ¿dónde irá?

Escena II

Gil, embozado, y Juan

Don Juan   (Allí está Gil.)

Gil   (Alguien llega.)

Don Juan   (¡Oh! Disimula el truhán.)

Gil   (Parece que está despacio.)

Don Juan	(Llégome a él.)
Gil	¿Quién va allá?
Don Juan	¡Calla! O me engaña la voz... ¡Oh, mi buen Gil!
Gil	¡Oh, buen Juan!
Don Juan	¿Tú por aquí?
Gil	¡Ya lo ves!
Don Juan	Y ¿qué diablo haces?
Gil	Pasear.
Don Juan	Pues yo ha tiempo que te miro, y un paso no has dado.
Gil	¡Bah! ¡Qué necio eres!
Don Juan	Ciego, en caso, me debías de llamar, pues no vi si te movías.
Gil	Y ciego, sin duda, estás. ¿No ves la cruz?
Don Juan	¡Ah, rezabas!
Gil	¡Pues es claro! ¿He de pasar

	junto a ella como un perro que sobre su rastro va?
Don Juan	Tienes razón. Mas ¿quién diablos se había de imaginar que pasearas a estas horas con frío y con niebla tal?
Gil	Caprichos con que uno nace.
Don Juan	¡Vaya un capricho!
Gil	¡Ahí verás!
Don Juan	(Solapado es el buen Gil.)
Gil	(Importuno es el buen Juan.)
Don Juan	Gil, tú estás de mal humor.
Gil	No, por cierto.
Don Juan	La verdad, ¿no estás contento con tu amo?
Gil	Al revés; lo estoy demás.
Don Juan	¿Te paga bien?
Gil	Más que quiero.
Don Juan	Y ¿tú le sirves...?
Gil	Leal;

duermo a su lado y le busco
cuanto puede desear.
Y a ti, Juan, en el castillo
¿te va bien?

Don Juan   No me va mal.
Mas dime: dicen que tu amo
es algo particular;
que tiene una historia larga,
borrascosa.

Gil   Sí tendrá...

Don Juan   Vamos, que algo sabrás tú.

Gil   ¡Si me la habrá ido a contar!
¿No te parece?

Don Juan   ¡Eh! Quien sirve,
siempre al olorcillo está
de lo que guisan sus amos.

Gil   ¿Sí, eh? Pues entonces, Juan,
dime: ¿es cierto que tu amo
encubre y es capataz
de cuantos contrabandistas
en estos contornos hay?

Don Juan   (¡No es tonto Gil!) ¡Qué locura!

Gil   Pues el vulgo lenguaraz
lo susurra.

Don Juan   Ya lo sé;

mas tiene tanta verdad
como decir que tu amo
a todo el mundo nos da
gato por liebre, y no es quien
él dice.

Gil   ¡Qué necedad!

Don Juan   Pues el vulgo lo murmura.

Gil   Pues se engaña.

Don Juan   Así será.
(Ni con palancas le sacan
lo que se cierra en callar.)

Gil   (Está visto, Juan me espía.)

Don Juan   (Claro, esperándole está.)

Gil   (Veamos.)

Don Juan   (Vamos a ver.)
Oye, Gil.

Gil   Escucha, Juan.

Don Juan   Di.

Gil   Di tú.

Don Juan   ¿Es tuyo aquel potro?

Gil   ¡Eh! ¿Qué potro?

Don Juan   Aquel que está
                     atado a aquel sauce.

Gil   ¡Ah! Sí.
                     Mas no es ya potro.

Don Juan   ¿Qué edad
                     tiene?

Gil   Ocho años, y muermo,
                     y un horrendo esparaván.

Don Juan   Pues lo disimula mucho.

Gil   Ha sido un bravo animal:
                     ¿le has visto de día?

Don Juan   ¡Vaya!
                     Le conozco meses ha:
                     le monta siempre don Pedro.

Gil   Sí; como monta muy mal,
                     y es tan dócil... (Pues señor,
                     en vano es disimular.)

Don Juan   (Pues señor, eso es.) ¿Tu amo
                     se marcha?

Gil   Sí.

Don Juan   ¿Dónde va?

Gil   A ese lugar inmediato.

64

Don Juan	¿Y por mucho tiempo?
Gil	¡Quiá! Ha de volver esta noche a casa.
Don Juan	Listo ha de andar.
Gil	Es corredor el caballo.
Don Juan	¿Sí? Pues ¿y el esparaván?
Gil	No hará más que hincharse un poco; hay media legua no más.
Don Juan	(Al fin ya desembuchó.) Vaya, adiós, Gil.

(Vase Juan y vuelve.)

Gil	Adiós, Juan. (¡Mucho apuraba el tunante; nunca le vi tan tenaz! Torzamos rumbo: su encuentro muy mala espina me da.)
Don Juan (Saliendo.)	Oye, Gil.
Gil	¡Calla! ¿Estás ahí?
Don Juan	No me he querido marchar sin darte algún buen consejo.

Gil	Estimo la caridad.
Don Juan	Mira: muchas, muchas noches no vengas a este lugar.
Gil	¿Por qué?
Don Juan	¿No sabes?
Gil	¿Yo? Nada.
Don Juan	¿Ves esa ermita?
Gil	Sí tal.
Don Juan	Pues ahí vive una bruja.
Gil	¡Cómo!
Don Juan	¿No has oído hablar de ella en el pueblo?
Gil	Mil veces.
Don Juan	Pues mora ahí.
Gil	¡San Julián! Y cuentan cosas atroces de su poder infernal.
Don Juan	Y si te encuentras con ella, maleficiarte podrá con un soplo.

Gil	¡Dios me asista! No aportaré yo aquí más.
Don Juan	Harás bien.
Gil	Corriendo a casa voyme.
Don Juan	Adiós, Gil.

(Vase.)

Gil	Adiós, Juan. (A apostarme en otro sitio voy, y a don Pedro a aguardar.)

(Vase.)

Escena III

Por otro lado un Oficial de guardacostas con un Soldado, embozados.

Oficial	¿Conque todo está hecho?
Soldado	Todo. El valle cercado está.
Oficial	Bien; que estén todos dispuestos a la primera señal.
Soldado	¿Conque la noticia es cierta?
Oficial	Terminante el pliego está; del mismo Rey es la orden,

y con gran severidad
fuerza es tratar el asunto.
Alerta, pues.

Soldado   Descuidad.

Oficial   Aquí es la cita, y ya es hora;
pronto la oración dará.
Me ocultaré, no dé con
algún curioso quizás.

Escena IV

Tomás, embozado   Este es el lugar, sin duda,
que aquel hombre me marcó.
Sí; allí el pueblo, aquí la ermita,
la cruz allá... ¡Quiera Dios
que no haya olvidado el día
y oiga el dar de la oración!
Ya estoy al fin en mi patria:
sí, libre y resuelto estoy;
no más obrar ni vivir
contra mi propia razón.
Ya es tiempo de que se expíe
aquel atentado atroz.

(Un momento de pausa. Tomás se pasea: las campanas, a lo lejos, tocan a
la oración.)

Esta es la hora convenida:
esperaré.

Escena V

Tomás y el Capitán de guardacostas

Oficial   En rededor
                      de aquella cruz veo un bulto.

Tomás   ¿Quién va?

Oficial   ¿Quién viene?

Tomás   Quien hoy
                      busca puerto en que fondear.

Oficial   (Él es.)

Tomás   (Él es.)

Oficial   ¡Eh, patrón!
                      ¿De qué lado sopla el viento?

Tomás   De la costa y de babor.

Oficial   Vos sois, pues, a quien yo busco.

Tomás   Y a quien espero sois vos.
                      Buenas noches.

Oficial   Buenas noches.
                      ¿Cumplido habéis?

Tomás   Hombre soy
                      que no ha mentido jamás;
                      y aunque muestra mi exterior
                      la librea del delito,
                      puro está mi corazón.

Oficial	¿Dónde está el barco?
Tomás	Aguardando mi señal.
Oficial	¿La relación escrita?
Tomás	Aquí está; tomadla: no será muy superior su lenguaje, pero es claro y tan cierto como el Sol.
Oficial	¿En qué año fue?
Tomás	Ya hace veinte: la fragata se abordó. Yo lidié desesperado al lado de mi señor, pero fue inútil; ninguno de nuestra tripulación pudo escapar con la vida más que un pobre niño y yo.
Oficial	Y ¿cómo pues?
Tomás	¡Oh! Le amaba con todo mi corazón, y hubiera muerto antes que él, según era mi furor; mas les asombró mi audacia y el capitán nos salvó.

70

Oficial	Y fuisteis sus compañeros.
Tomás	Esclavos decid mejor.
Oficial	Explicaos.
Tomás	Esta historia nos toca solo a los dos; conque dejadla que quede para siempre entro él y yo.
Oficial	Mas vos su lugarteniente habéis sido, y aun lo sois.
Tomás	Cuando ese papel leáis, veréis que si me nombró fue para tenerme lejos; cautelosa precaución.
Oficial	Mas ¿no podíais mandar cuanto os diere gana vos?
Tomás	Sí, mas fondear no podía sino a antojo y elección de un piloto, a cuyas órdenes taimado me sujetó mientras a vista de tierra se hallara la embarcación.
Oficial	Y ¿qué premio a este servicio pensáis pedir para vos?
Tomás	Me entrego a vos, capitán; y si me hacéis concesión

de unos días, para ver
qué es lo que ha dispuesto Dios
de la gente que dejé
al partir con mi señor
para América, me basta.

Oficial   ¿No vale más que perdón
en un memorial pidáis?

Tomás   Confesárame traidor
si lo hiciera, y las desdichas,
en nadie crímenes son.

Oficial   Mas ahora que delatáis...

Tomás
(Interrumpiéndole.)   A nadie; yo solo soy
de la justicia divina
instrumento vengador.
Si solo de mis desgracias
le culpara, acusación
contra ese hombre no entablara;
mas del mundo en rededor
anda algún otro, tal vez
sin amigos, sin mansión,
y sin fortuna y sin nombre,
y a fe que en honra nació,
de lo que goza usurpado
mejor que él merecedor.

Oficial   Aquí hay un misterio grande
que escapa a mi comprensión,
mas convencerme no puedo
de que seáis un impostor.

Tomás	No, ¡juro a Dios!
Oficial	No juréis, y oíd: ¿en disposición estáis de comparecer en el tribunal?
Tomás	Sí estoy, y a jurar cuanto hay escrito en esa carta, ante Dios; y tales pruebas daré, que disipen todo error.
Oficial	¿Si yo os llamo...
Tomás	Estaré siempre pendiente de vuestra voz.
Oficial	¿A cualquier tiempo?
Tomás	A cualquiera.
Oficial	De esa manera, id con Dios. Veinticuatro horas tenéis a vuestra disposición.
Tomás	Aquí me tendréis mañana.
Oficial	¿A qué hora?
Tomás	Al ponerse el Sol.
Oficial	(Voy, pues, a cercar desde ésta

todo el valle en derredor.)

(Vase.)

Escena VI

Tomás   Espíritus sin sepulcro,
inmolados a traición,
aun tenéis sobre la tierra
un amigo, un vengador.
Si aun queda de vuestra raza
el solo que se salvó,
verá que no he olvidado
mi fe ni mi obligación.
Mas no hay tiempo que perder:
ya es fuerza pensar en mí,

(Va a retirarse y ve
a lo lejos a Elena,
que llega.)   y ver si me dan aquí
luz alguna... ¡Una mujer!
Un farol trae en la mano
que su camino la alumbre...
¡Lo que puede la costumbre
en el corazón humano!
¡Un ser sobrenatural
la creyera un campesino,
cruzar viéndola el camino
con paso y figura tal!
Mas me ocurra un pensamiento:
si de ella pudiera acaso...

Escena VII

Tomás y Elena

74

Elena   (Aquel hombre no da un paso:
                   ¿si será él?)

Tomás   (Me iré con tiento,
                   sin embargo.)

Elena   (Harto esperar
                   es a la impaciencia suya.
                   Si es él, no sé lo que arguya.
                   No importa; voy a pasar
                   junto a él; puede no haberme
                   desde lejos conocido.)

Tomás   (Se acerca; yo me decido.)
                   Buena mujer, si ofrecerme
                   podéis ayuda, yo os ruego...

Elena   (No es él.) ¿Qué queréis de mí?

Tomás   De muy lejos llego aquí,
                   y descaminado llego.
                   ¿Me diréis si en el que estoy
                   es en verdad mi camino?

Elena   Y ¿adónde es vuestro destino?

Tomás   Al palacio moro voy.

Elena   (¡Cielos!)

Tomás   ¿Dista mucho?

Elena   No;

mas la subida es fatal,
y a esta hora haréis muy mal
en emprenderla.

Tomás   Si yo
el terreno conociera,
a emprenderla me arriesgara,
o en algún pueblo buscara
una posada, si hubiera.

Elena   Inmediato está Lubrín:
por ese sendero estrecho
vais a este lugar derecho,
que en sus calles tiene fin.

Tomás   ¿Habitáis en él?

Elena   No, a fe:
y a lo que oyéndoos infiero,
que todavía extranjero
sois aquí, claro se ve.

Tomás   Decidme: ¿por qué razón?

Elena   Porque si no fuera así,
no os encontrarais aquí,
tan cercano a mi mansión.

Tomás   Pues ¿qué hay de ella que temer?

Elena   Nada, sin duda; esta ermita
hace ya años que la habita
solamente una mujer.
Pero tened muy presente

que desde que el Sol se pone,
rarísima vez se expone
a pasar por aquí gente.
Seguid, pues, vuestro camino,
y buenas noches.

Tomás   ¿Qué es esto?

Elena   (Que dejar le hará imagino
(Elena entra
en la ermita.)   la superstición el puesto.)

Tomás   Aquí hay misterio: el retiro
                         y el secreto necesita
                         tal vez, y dio a aquesta ermita
                         ese misterioso giro,
                         que el vulgo supersticioso
                         respetará... Pero a mí,
                         ¿qué me importa que obre así?
                         Déjola, pues, en reposo,
                         y a lo que me atañe voy.

(Va salir y se encuentra con Don Juan.)

Escena VIII

Don Juan y Tomás

Don Juan   ¿Quién va allá?

Tomás   Un hombre.

Don Juan   ¿Que pasa,
                      o que espera?

Tomás	Busca casa.
Don Juan	¿Sois forastero?
Tomás	Sí soy.
Don Juan	Mi posada os ofreciera si pudiera a ella a tornar.
Tomás	¿Vecino sois del lugar?
Don Juan	Lo mismo que si lo fuera, porque como es tan pequeño...
Tomás	¿Conocéis su población?
Don Juan	Sí.
Tomás	¿Podríais dar razón...
Don Juan	De cualquiera a quien empeño trajereis en encontrar.
Tomás	Me haréis muy grande favor.
Don Juan	Pero con otro mayor me lo tendréis que pagar.
Tomás	Decid.
Don Juan	Tengo en este instante dos citas a que acudir: en la una voy a reñir;

en la otra, un importante
secreto voy a saber,
el cual tal vez asegura
mi felicidad futura
y el honor de una mujer.
Cumplir a un tiempo las dos,
si me tardo en la primera,
no me es posible, aunque quiera;
tomad una sobre vos.

Tomás   ¡Cómo!

Don Juan   Si sois caballero,
una de ellas elegid:
o a oír el secreto id...

Tomás   Eso no; reñir prefiero.

Don Juan   ¡Oh! Gracias; pero preciso
no será tanto, sin duda;
cuando mi contrario acuda,
si yo no estoy, dadme aviso.

Tomás   Bien, bien; yo haré mi deber,
que tenga o no de reñir.

Don Juan   Y ¿ahora me podréis decir
a quién queréis conocer?

Tomás   Sí; busco a un hombre, un villano
cuya historia es algo extraña:
pasó ha tiempo a Nueva España,
de un corsario siciliano
fue cautivo...

Don Juan
(Con amargura.)   ¡Ah! ¡Sé de un hombre
                            a quien conviene esa cruel
                            historia!

Tomás   Y ¿qué ha sido de él?

Don Juan   ¡Sábelo Dios!

Tomás   ¿De su nombre
                            os acordáis?

Don Juan   Si eso prueba
                            que con el alma le amaba...

Tomás   ¡Oh, concluid! ¿Se llamaba
                            Tomás Ruiz de Villanueva?

Don Juan   Sí, sí. ¿Conocéisle vos?
                            ¿Dónde está?

Tomás   Y vos, que afán tal
                            mostráis por él, ¿cuál es, cuál
                            vuestro nombre? Entre los dos,
                            ¿qué relación hay?

Don Juan   La vida,
                            que en sus brazos recibí,
                            Cuanto es y cuanto fui.

Tomás   ¡Ah! Si esa historia es mentida,
                            apártate, tentador.

Don Juan	No, no; esa historia es la mía.
Tomás	Entonces, ¡Virgen María...!
Don Juan	Tú eres, ¡cielo vengador!
Tomás	¡Rodulfo!
Don Juan	¡Tomás!
Tomás	Abrázame.
Don Juan	Sí, sí, el placer me sofoca.

(Abrázanse.)

Tomás	Y mis lágrimas provoca.

(Vuélvense a abrazar.)

Don Juan	Aprieta, así, despedázame.
	Pero ¡qué recuerdo horrible!
	¿Y mi padre? ¿En qué paró?
Tomás	Qué, ¿no has vuelto a verle?
Don Juan	No.
Tomás	Santos del cielo, ¿es posible?
	¿Por quién te vas a batir?
Don Juan	Por Isabel, por mi amor.
Tomás	Y ¿con quién?

Don Juan	Con su raptor, si es que se atreve a venir.
Tomás	¿Quién es?
Don Juan	Un Conde extranjero.
Tomás (Apresurado.)	¿Que habita en ese castillo, que ocupa ese montecillo?
Don Juan	Sí.
Tomás	(¡Lazo infernal!)
Don Juan	Mas quiero saber antes si hay camino que me haga tener sujetos de ese hombre muchos secretos y dueño de su destino.
Tomás	Y ¿cómo lo has de saber?
Don Juan	Una mujer misteriosa que por mí vela afanosa, me lo ha prometido hacer.
Tomás	¿La conoces?
Don Juan	No, por cierto.
Tomás	¿Y si es un lazo?
Don Juan	No, no;

más de un año ha que me dio
una carta, que hoy he abierto,
ofreciéndome su amparo
si me hurtaban el tesoro
de la mujer que yo adoro,
con que podía...

Tomás   Está claro.
                    Mas ¿dónde está?

Don Juan   No lo sé.
                    Ya es la hora que me dio.

Tomás   Y ¿aquí mismo te citó?

Don Juan   En esa cruz.

Tomás   Oye.

Don Juan   ¿Qué?

Tomás   Oigo dentro de esa ermita
                    rumor.

Don Juan   Apártate a ver.

(Se apartan y aparece Elena.)

Elena   (Ya esperará.)

Don Juan   Una mujer,
                    y es ella.

Tomás   ¿La de la cita?

Don Juan	Sí; aléjate de su luz no se esquive viendo dos, y no me faltes, por Dios, si acude ese hombre a la cruz.
Tomás	Rodulfo, ve sin temor. (De cualquier modo que sea, preciso es que no le vea ese corsario traidor, aun a costa de mi vida.)

(Vase, y se oculta detrás de la cruz.)

Escena IX

Elena, Don Juan y Tomás

Elena	¿Es don Juan?
Don Juan	Sí, don Juan soy, y esperándoos estoy.
Elena	Vine a la hora convenida; mas encontré a un extranjero que me dio que sospechar, y que dejara el lugar quise, de veros primero.
Don Juan	En fin y ya estamos aquí, y no hay tiempo que perder.
Elena	Mucho por vos puedo hacer, y vos mucho más por mí.

Don Juan	Lo que gustareis mandad, si yo basto a conseguirlo.
Elena	Entrad en mi casa a oírlo, que habrá más seguridad.

(Entran.)

| Tomás | Entró con ella... ¡Por Dios, que entre la cruz y la puerta puesto, he de estar bien alerta!... ¡Desconfío de las dos! |

(Tomás queda paseando fuera. Elena y Don Juan dentro de la ermita.)

Elena	¿Os extraña este misterio, don Juan, y esta habitación? Tiene la superstición en el vulgo mucho imperio, y por eso la elegí: mil patrañas de ello cuentan, y cuanto más las aumentan, más segura estoy aquí.
Don Juan	Comprendo vuestra razón.
Elena	Un año ha que espío al Conde, y nada de él se me esconde a merced de esta mansión.
Don Juan	Mi tiempo es breve; mirad lo que decirme queréis.

Elena	Don Juan, poco esperaréis.
Don Juan	Pues ya os escucho; empezad.
Elena	¿Conocéis al Conde?
Don Juan	No.
Elena	Pues bien, yo le he conocido casi desde que ha nacido, y a ser lo que es no nació. Sus títulos, sus haciendas, nada es suyo; es un engaño.
Don Juan	¿Los hubo en país extraño en políticas contiendas?
Elena	No lo sé: su poseedor verdadero estuvo ausente largo tiempo; de repente presentose el sucesor. Trajo cuantos documentos necesitó; declarose como conde, e instalose por tal sin más miramientos. Desmentir su identidad su semblante no podía, porque quince años hacía que de aquí faltaba; edad que a cualquiera desfigura: y hacinando precauciones, esquivó las relaciones como cosa más segura. Pocos meses adelante

vino don Pedro, y con él
vino esa hermosa Isabel,
de quien sois tan fino amante.

Don Juan   ¡Oh! Seguid, seguid.

Elena   Hacía
mucho tiempo que olvidada
vivía en pobre morada,
y huérfana se creía.
Él dijo: «Su padre soy»;
tomola de unos parientes
que por ser tan indigentes,
en que la dieron estoy.
Compró casa; con decoro
en ella la hizo habitar,
y a nadie dio qué pensar
el verle volver con oro,
pues de América volvía;
mas yo conozco también
a don Pedro, y sé muy bien,
señor don Juan, que mentía.

Don Juan   ¿No es su padre?

Elena   Acaso no.

Don Juan   ¡Ah! Seguid.

Elena   Noté que amigo
del Conde era, y que al abrigo
del exterior que tomó,
era el único que entraba
en su torre, y armonía

con sus gentes mantenía,
y noches con él pasaba.
Entonces vinisteis vos
con vuestro destacamento,
y hubo entonces un momento
de treguas entre los dos.
Yo, tras de mucho afanar
de un anciano campesino,
supe un secreto camino
al castillo para entrar.
Varias noches me introduje
en hora muy avanzada
en un ala abandonada,
y la impresión que produje
tan favorable me fue,
que el vulgo supersticioso
por fantasma misterioso
ocupada ahora la cree.
Yo, de bruja en esta ermita
tal vez haciendo un papel,
os hallé con Isabel
en una y en otra cita.
Supe vuestro plazo al fin,
y me interesé por vos,
temiéndome de los dos
alguna emboscada ruin.
Espié, velé, inquirí,
y al cabo, yendo y viniendo,
sus maldades conociendo,
a Flandes os escribí.
Y no dudéis que Isabel
víctima sacrificada
es, prenda al Conde entregada.

Don Juan	¿Por don Pedro?
Elena	Sí, por él.
Don Juan	Eso no tiene, señora, ni aun asomos de razón: ¿a qué aguardar condición ni plazos...?
Elena	Oídlo ahora. Si tanto tiempo aguardando a que expirara estuvieron, fue porque de vos temieron.
Don Juan	¿Por qué?
Elena	Por su contrabando.
Don Juan	¡Qué decís!
Elena	Esas montañas, llenas de su gente están; por eso es todo su afán, esas todas sus hazañas.
Don Juan	No lo acierto a comprender.
Elena	Creedlo; ese hombre es un bandido, y nunca otra cosa ha sido, ni otra cosa sabrá ser.
Don Juan	Por eso hoy a mi venida topó con una emboscada, y a no por inesperada

ayuda, pierdo la vida.
Pero de esa relación
en el dédalo enredado,
con vuestro intento no he dado.

Elena

¡Ay! Está en mi corazón:
todo descubierto está;
esos peñascos, cercados
están ya por los soldados,
y todo a perderse va.

Don Juan

Y bien, ¿qué queréis de mí?

Elena

Don Juan, ¿queréis a Isabel?

Don Juan

¡Oh, sí!

Elena

Pues salvadle a él,
y huya conmigo de aquí.

Don Juan

¿Con vos?

Elena

Sí, le amé; y ahora
que todos a abandonarle
van, yo, yo quiero salvarle,
quiero ser su valedora.
Él me abandonó traidor,
atentó contra mi vida,
mas todo el amor lo olvida,
y a todo alcanza mi amor.
Si a la costa se le auxilia
osadamente a llegar,
aun puede abrirnos el mar
camino a nuestra Sicilia;

favor por favor, don Juan.
O así le salváis a él,
a perder vais a Isabel.

Don Juan

¡Y entonces perecerán
todos; vive Dios! ¡tras ella!

Elena

No os halague esa esperanza,
que es temible su venganza
y es muy fatal vuestra estrella,
capitán.

Escena X

Don Juan y Elena, dentro de la ermita. Don Pedro y Tomás, fuera.

Tomás   ¿Quién va?

Don Pedro   Yo soy.

Tomás   (¿Quién es?)

Elena (A Don Juan.)   Decid.

Don Juan (A Elena.)   Escuchad:
                ¿no oís rumor?

Elena   Sí.

Don Juan
(Escuchando.)   Callad.

Don Pedro   ¿Estáis solo?

Tomás.	Solo estoy.
Don Pedro	Pues vamos.
Tomás (Poniendo mano a su espada.)	Vamos.
Don Pedro	¿Qué es eso?
Tomás	¿A reñir no habéis venido?
Don Pedro	¡No es Gil! (¡Oh, me habrá vendido!) Caballero, yo os confieso...
Tomás	Esa voz...: estoy soñando.
Don Pedro	Perdonad; os tomé a vos por otro: quedad con Dios.
Tomás	¡No os iréis!
Don Pedro	¿Qué estáis hablando?
Tomás	No, de aquí no os moveréis sin que quién sois me digáis.
Don Pedro	(¡Qué apuro!) Si os empeñáis...
Tomás	Sí, ¡por Dios!
Don Pedro	Pues lo sabréis. Yo soy don Pedro Zapata.
Tomás	¡Téngame Dios de su mano!

Ese que nombras, villano,
murió a manos de un pirata.
Sí; y ese nombre me prueba
que eres quien buscando voy.

Don Pedro   Yo soy don Pedro.

Tomás   Y yo soy
Tomás Ruiz de Villanueva.

Don Pedro   ¡Oh!

Tomás   Di, ¿qué has hecho, traidor,
del nombre que yo te di?
¿Qué es lo que has hecho por mí?
¿Qué es de la hija de mi amor?

Don Pedro   En el castillo.

Tomás   ¿En poder
del Conde?

Don Pedro   Sí.

Tomás   ¡Miserable!
Este enredo abominable
llego al fin a comprender.
Reza, si es que sabes algo
con que dirigirte a Dios.

(Tomás y Don Pedro forcejean mientras hablan los otros.)

Don Juan   No oigo bien, pero son dos.

(Va a salir, y Elena le quiere tener.)

Elena   ¿Dónde vais?

Don Juan   Al campo salgo.
                           Me esperan para reñir,
                           y otro toma mi lugar.

Elena   ¡Tened!

Don Juan   ¡No!

(Sale Don Juan de la ermita, y Elena tras él.)

Tomás   Vas a acabar
                           como has querido vivir.

Don Pedro
(Cayendo.)   ¡Ah!

(Mientras Don Juan, y Elena detrás, salen, aparece Juan con gente.)

Escena XI

Tomás, Don Pedro, Don Juan y varios contrabandistas.

Don Juan
(Señalando a Tomás.)   Ése es don Juan.

Tomás   ¡Tal traición
                           me sospechaba!

Don Juan   ¡Ea, atadle
                           pronto; al castillo llevadle!

94

Uno   Mira.

Don Juan (Mirando.)   ¿Qué?... Soldados son.
                    Vamos pronto.

(Vanse.)

Don Juan (Saliendo.)   ¿Adónde están?
                    Mas ¿si es él?

(Viendo a Don Pedro.)

Don Pedro   ¡Ah, el capitán!

Don Juan   ¡Don Pedro aquí!

Don Pedro   Huid, ¡por Dios!
                    Se llevan a otro por vos.

Don Juan   ¿Adónde?

Don Pedro   Al castillo van.

Don Juan   Antes que lleguen...

(Va a seguirlos, y Elena le detiene.)

Elena   ¿Qué hacéis?

Don Juan   Seguirlos.

Elena   Seguidme a mí,
                    si llegar antes queréis.

Don Juan   Y ¿por dónde?

Elena   Por aquí.

(Abre la cruz, y éntranse al tiempo que Don Pedro toca arrastrándose el pedestal, y cae sobre los escalones sin movimiento. Cae el telón.)

Acto III

Salón del castillo llamado Palacio Moro, que habita el Conde. Puerta a la derecha y secreta en el fondo. Lámpara colgada. Ventana con reja.

Escena I

Isabel

Cielos, ¿qué va a ser de mí
en esta mansión fatal?
Para tratarme tan mal,
¿qué delitos cometí?
Sola, pobre y desvalida,
allá en oculta cabaña,
al amor y al mundo extraña,
pasada feliz mi vida.
Huérfana, sí, mas dichosa,
sin deseo ni esperanza,
mi barquilla iba en bonanza
por la mar tempestuosa.
Largos años viví así,
cual silvestre pasionaria
que en campiña solitaria
nace y crece y muere allí.
¡Ay! ¿Por qué de aquel desierto
me vinieron a sacar,
para echarme al negro mar
de este porvenir incierto?
¿Por qué de mi corazón
con impulso repentino,
al cambiarse mi destino
se cambió la condición?
De la soledad salí
y con fortunas soñé,
soñé con amor y amé,

mas ¡cuán desdichada fui!
El interés vino en pos
del amor, ató el deber
mi voluntad...¿Cuál va a ser
el más fatal de los dos?
¿El amor?... Ileso, intacto,
puro en mi alma quedará.
¿El deber?... Cumplido está,
padre cruel, vuestro pacto.
Mi padre ¡ay Dios! se figura
que en el oro y la grandeza
está la fe y la belleza,
el placer y la ventura.
El alma de la mujer
así, insensato, comprende,
y así me entrega, me vende
al que más llega a ofrecer.
Mas tócame ahora a mí;
él cumplió ya, era justo,
y ya no hay más que mi gusto
o mi desventura aquí.
Con nobleza elegiré,
pero mirando hacia atrás,
no, no romperé jamás
mi palabra ni mi fe.

Escena II

Isabel y el Conde

Conde   Buenas noches.

Isabel   ¿Qué queréis?

Conde	¡Bella pregunta, a fe mía! ¿No os lo dijo al mediodía?

(Cierra la puerta por dentro.)

Isabel	¿Qué hacéis?

Conde	Cerrar, ¿no lo veis? Mi palacio, esquiva y filera, desdeñasteis hasta ahora habitar como señora; sois, pues, en él prisionera.

Isabel	Y ¡con cuán negra traición lo habéis, al fin, conseguido!

Conde	Las cosas se hacen sin ruido mejor y con precaución. El vulgo me odia, lo sé; y si el plazo hubiera roto, armara necio alboroto; por eso un año aguardé. Ahora escucha atentamente la suerte que te prevengo, y lo que a decirte vengo, piensa bien y sé prudente. De hoy no ha de verte ni el Sol, no; dentro de estas murallas como en un sepulcro te hallas; pasará por el crisol de esta eterna soledad tu amor y tu fortaleza, y tu llanto y tu belleza jamás obtendrán piedad.

Entre peligros viví,
crecí entre sangre y horrores,
y amenazas ni clamores
nada alcanzarán de mí.
Mi amor, mi fe, mi esperanza,
al fin de una y otra injuria,
tornáranse en odio, en furia,
en sed de fatal venganza.
Cederte a otro hombre después
de aguardarte un año entero,
es imposible; prefiero
verte sin vida a mis pies.
Conque elige bien, y aparta
sueños de fe y de virtud:
o esta estrecha esclavitud
(si antes de ella no se harta
mi paciencia), o con tu amor
pagar voluntaria el mío;
dejo el ser, a tu albedrío,
tu galán o tu señor.
El mundo es grande, Isabel;
yo te idolatro, te adoro;
con mi brazo y con mi oro
buen lugar tendrás en él.
Y puedo hacértele tal
cuando admitas mis promesas,
que te envidien mil princesas
tu regia pompa oriental.

Isabel   ¿Habéis concluido?

Conde   Sí.

Isabel   Pues vuestras ofertas todas,

cual la farsa de mis bodas
serán miradas por mí.
Esta mañana rehusé
llegarme al profano altar,
y no habré de renegar
esta noche de mi fe.
Nací entre peñas, crecí
de pobreza entre rigores,
y amenazas ni clamores
nada alcanzarán de mí.
Mi amor, mi fe, mi esperanza,
firmes a halago y a injuria,
sabrán despreciar tu furia
y arrostrar tu vil venganza.
Oye, pues: todo tu afán
es en vano; yo le adoro,
y no vale todo tu oro
un cabello de don Juan.

Conde   ¿Esa es tu respuesta?

Isabel   Esa es,
sí. ¿Después de un año entero
ser tuya? ¡Jamás! Prefiero
caer sin vida a tus pies.

Conde   Caerás, sí; pero no esperes
que así tu vida concluya,
porque irá antes de la tuya
la de ese a quien tanto quieres.

Isabel   Mi constancia y su constancia
en el bien como en el mal,
siempre firmes por igual,

se mofan de tu arrogancia.

Conde

Veremos si tu entereza
a tanto heroísmo alcanza,
o si cede la balanza
al peso de su cabeza.

Isabel

Me río de esa villana
amenaza, que te inspira
quien te inspiró la mentira
del papel, de esta mañana.

Conde

¡Necia! ¿Mientas el papel,
y aun conservas confianza?
Pues disipa la esperanza
que concebiste por él.
Aprende lo que no sabes,
y aprendiendo a conocerme,
decídete a obedecerme
y tu situación no agraves.
¿Piensas que al plazo faltó
tu constante capitán?
No; burló todo mi afán;
daba aún las doce el reloj
cuando él acudió a la cita.

Isabel

¡Cómo!

Conde

         Mas fía en su brío
el necio, y mi desafío
admitió.

Isabel

         ¡Infamia inaudita!

Conde	De noche y en despoblado,
	y solo prometió ir.
Isabel	¡Cielos!
Conde	Puedes presumir
	que habré mi gente apostado.
Isabel	¡Hombre vil!
Conde	Óyelo todo:
	mandé, haga o no resistencia,
	que desde allí a mi presencia
	le traigan de cualquier modo
	Ahora, creas o no creas
	de grado lo que te digo,
	de ello vas a ser testigo,
	y creerás cuando lo veas.
(Óyese un clarín.)	Oye; esa la señal es
	para franquear el rastrillo;
	ya están al pie del castillo,
	decídete pronto, pues.
	Y no te andes con pereza,
	porque juro ¡vive Dios!
	que eliges una de dos,
	o mi amor o su cabeza.
Isabel	No puede mi alma con tanta
	increíble atrocidad:
	tu fría ferocidad,
	monstruo pérfido, me espanta.
Conde	Esperé, callé y sufrí
	mientras el plazo se cumplía,

y al castillo te traía
sin dar sospechas de mí.
De hoy todo será traición,
y ese vulgo que murmura,
creerá mansión de ventura
la que será tu prisión.
Mas suben; ya están aquí.

Escena III

Isabel, el Conde y Don Juan

Conde   ¡Hola! ¡Eres tú!

Don Juan   Sí, yo soy.

Conde   ¿Traes al capitán?

Don Juan   Le traigo.

Conde (A Isabel.)   Ya lo ves.

Isabel   ¡Cielos!

Don Juan
(Aparte al Conde.)   Señor,
echad ahora esos imbéciles
amoríos a un rincón,
y pensad en lo que importa.

Conde   ¿Qué hay, pues?

Don Juan   Huyamos; si no
todo el valle a desplomarse

va muy pronto sobre vos.

Conde   ¡Cómo!

Don Juan   De tropas y hogueras
cercado está en derredor.

Conde   Tengo mi barco en la costa,
que ha dos días que fondeó
en esas rocas vecinas.

Don Juan   Mas ved que un enjambre son.

Conde   Serénate, Juan, no temas,
que tal lo he dispuesto yo,
que por entre ellos pasemos
como por un vidrio el Sol.

Don Juan   No lo sé.

Conde   Habrá algunos tiros,
habrá un cadáver o dos;
mas tras el primero, a tierra
saldrá mi tripulación,
y habrá al mismo tiempo fuego
de babor y de estribor.
Tiempo ha que he determinado
salir de este boquerón,
pero saldremos despacio,
con botín y con honor.
Ve, Juan; que todo esté a punto
para el despuntar del Sol;
mi barco aguarda esa hora

Don Juan	Cumpliré mi obligación.
	Mas de ese don Juan, ¿qué hacemos?
Conde	Que aguarde un punto; ve.
Don Juan	Voy.

Escena IV

El Conde e Isabel

Conde

Ya lo ves, está en mis manos:
firme es mi resolución,
y única; elige, Isabel,
o su cabeza o mi amor.
No más misterios, no más
disimulos ni ficción:
necia honradez, medianía
servil no te ofrezco yo;
no una alquería en un valle,
y un olivar que agostó
el abandono de un año,
y una lanza y un bridón
con un corazón voluble
que tal vez otra secó,
no; yo te ofrezco un tesoro
de libertad y de amor,
todo el imperio del mar,
que rey ninguno acotó,
y donde soy con mi barco
más grande que el rey mayor.
Nada habrá que se te antoje
que darte no pueda yo:
si el mar te cansa, de tierra

puedo darte, no un rincón
donde vivir olvidada,
sino el palacio mejor;
la opulencia de los ricos,
del noble la ostentación,
y toda la altanería
del lujo fascinador.
Si Europa no da a un valiente
acogida y protección,
un nuevo mundo en América
se nos abre, ¡vive Dios!
Allí está virgen la tierra
esperando a su señor,
y conmigo su conquista
dividirá el español;
que harto mi brazo y mi oro
valen en contra o en pro,
para que no los acepte
o esclavo o conquistador.

Isabel   Basta, insensato, de ofertas
que solo quimeras son.
¿Crees tú que están mis oídos
insensibles a la voz?
¿Piensas que la de ese esclavo
en ellos no resonó?
«Va a desplomarse, te dijo,
todo el valle sobre vos»
Palideciste al oírle
decir que un enjambre son,
y mi corazón, oyéndolo,
de gozo se estremeció;
y firme como la tuya
es ya mi resolución.

Conde	Pobre insensata, cual siempre
	te engaña tu corazón:
	mi barco tengo en la costa;
	cuanto tengo de valor,
	mis tesoros, mis secretos,
	en él se depositó
	con cauteloso sigilo
	y exquisita precaución.
	A mi poder y a mi dicha
	solo me falta el amor;
	una mujer, que eres tú,
	y sin la cual no me voy.
Isabel	Primero que del pirata
	la opulencia acepte yo,
	hágame un esclavo vil
	pedazos el corazón.
Conde	Mira que a don Juan sentencias.
Isabel	A mi honra y a su valor,
	mejor nos está morir
	que verme en tus brazos.
Conde	¡Oh!
	¡Un mundo entero no pudo
	arrostrar mi indignación,
	y hoy una débil mujer
	osa arrostrar mi furor!
	Piénsalo bien, cierva presa
	en las garras del león.
Isabel	Piensa tú que de tu cueva

se apiñan en derredor
lobos que huelen la sangre
de quien pavura les dio.

Conde	Mira que no hay esperanza.
Isabel	Yo he puesto la mía en Dios.
Conde	Por última vez, ¿aceptas?
Isabel	Por la vez última, no.

Conde

Sea, y cúlpate a ti sola
de la suerte de los dos.
Tenéis de vida un minuto,
y aquí, este mismo salón
será de entrambos sepulcro
o templo de nuestro amor.

Isabel (De rodillas.)

El cielo, que me dio fuerzas
para tal resolución,
hará que a cabo la lleve,
o será mi protector.

Conde (Con mofa.)

¿Quién dentro de estas murallas
podrá protegerte?

Elena (Saliendo
por la puerta falsa.)   Yo.

Escena V

El Conde, Isabel y Elena

(Elena se coloca entre Isabel y el Conde: Isabel continua de rodillas.)

Conde   ¿Qué es esto, cielos? ¡Elena!

Elena   Sí, bárbaro, Elena soy.

Conde   Espectro horrendo, ¿qué quieres?
                   ¿Quién ante mí te evocó?
                   ¿Por qué del sepulcro sales,
                   enemiga aparición?

Elena   Deliras, Caín, deliras;
                   no soy un espectro, no:
                   vivo, y me guarda tu estrella
                   para ser tu salvación.

Conde   Mi bala no ha errado nunca.

Elena   Pues en la Cabrera erró.

Conde   ¡Sin duda estoy siendo víctima
                   de una pesadilla atroz!

Elena   Acabamos de una vez,
                   y sal, Caín, de tu error.
                   Ya no tienes en el mundo
                   más esperanza que yo.

Conde   ¡Tú!

Elena   Sí, todos te abandonan;
                   mas si audaz resolución
                   tomas, aun puedes salvarte
                   huyendo conmigo.

Conde	No.

Elena   Eso es lo que aun ofrecerte
puede quien tuvo valor
para vivir junto a ti
en escondido rincón
dos años en este valle;
sí, quien te guardó hasta hoy,
en vez de infame venganza,
la fe de su corazón.
Y esto es lo que va a ofrecerte
otro enemigo mayor
en este momento mismo
y con igual condición.

Conde   ¿Quién?

Elena   Don Juan.

Conde   ¡Necia! ¿Ese engaño
crees que me infunde pavor?
Don Juan está en mi poder;
y ahora mismo, al de mi voz,
ante vuestros mismos ojos
voy a ponerle.

(Asoma Don Juan mientras Caín se dirige a la puerta contraria.)

Escena VI

Dichos y Don Juan, saliendo por la puerta secreta.

Don Juan   Aquí estoy.

Isabel	¡Don Juan!
Don Juan	¡Isabel!

(Abrázanse.)

Conde	¿Qué es esto?
Don Juan (Viendo al Conde.)	¿Qué veo? ¡Dios vengador! ¡Mi padre!
Conde	Ese hombre, ¿es don Juan?
Don Juan	¡Noche de condenación! Yo soy don Juan, soy Rodulfo. ¡Capitán, vuestro hijo soy, que salí de la Cabrera para infierno de los dos!
Conde	¡Oh rabia!
Elena	¿De la Cabrera?
Don Juan	Allí ese hombre me dejó.
Elena	Diome allí un mancebo amparo, y una lancha salvación.
Don Juan	¿En la Cabrera?
Elena	Sí.

Don Juan   ¡Entonces,
                        ese mancebo soy yo!

Elena   Sí.

Conde   ¡Todo lo entiendo ahora!

Don Juan
(Desesperado.)   Y yo también, ¡vive Dios!
                        yo también, que del destino
                        bajo fatalismo atroz,
                        he sido siempre el juguete
                        desde la hora en que vi el Sol.

Conde   (¡Oh dicha! Pues el destino
                        a todos me los juntó,
                        de todos me libro a un tiempo.)
                        Rodulfo, tienes razón,
                        el uno en contra del otro
                        la suerte nos colocó,
                        y es fuerza sacrificarse
                        uno de ambos por los dos.

Don Juan   Partámonos uno de otro,
                        padre; dejadme mi amor,
                        y huid mientras tenéis tiempo
                        y yo quedo tras de vos.
                        Si mi fuerza o mis engaños
                        os consiguen salvación,
                        para siempre separémonos,
                        y que nos ayude Dios.

Elena   ¡Qué historia espantosa es ésta
                        que a mis celos escapó!

Caín, tan negro misterio
no cabe en mi comprensión.
¿Es hijo tuyo ese hombre?

Conde   Mujer, cierra el labio.

Elena   ¡No!
Fuerza es que se aclare todo
este misterio de horror.

Conde   Pues bien, aclárese al punto,
porque ahora mirando estoy
que si ése es don Juan, hay otro
que su lugar usurpó.
¡Hola! Traed a ése.

Escena VII

Dichos. Don Juan, Tomás y piratas

Don Juan   Aquí está.

Conde   ¿Quién eres tú?

Tomás   Tomás soy.

Conde   ¡Gracias, fortuna! Salid.

(Vase Juan y los que con él han salido.)

Escena VIII

Conde, Tomás, Don Juan, Elena e Isabel

Conde	¿Quién manda mi barco?
Tomás	Yo.
Conde	¿Está en la costa?
Tomás	Está allí,
Conde	¿Y a buscarme vienes?
Tomás	Sí.
Conde	¿Para que partamos?
Tomás	No.
Conde	¡Cómo!
Tomás	Escúchame, pirata: acabo a uno de matar, el bosque al atravesar.
Conde	¿A quién?
Tomás	A Pedro Zapata.
Conde	De un bribón nos has librado.
Tomás	Sí, mas en otra ocasión conocí yo a ese bribón, y todo me lo ha contado.
Conde	¿Y qué?

Tomás	Por él supe allí que la única hija mía, que encomendado le había, está en tu poder aquí.
Conde	¡Tu hija!
Tomás	Él hizo papel de padre suyo en mi nombre.
Isabel	¡No era mi padre aquel hombre!
Conde	¡Es hija tuya Isabel!
Tomás	Sí.
Isabel (Arrojándose a sus brazos.)	¡Padre!
Tomás (Ídem.)	¡Hija mía! Ahora, pirata, no más doblez, no más ficción; a tu vez, de Dios tu perdón implora.
Elena	¿Aun hay más misterios?
Tomás	Sí. Ya mi hija, mi afán logré, mi hija, que la causa fue de mi silencio hasta aquí. Veinte años ha que te sigo de tu barco en el encierro, veinte años que como un perro camino y duermo contigo

por eso; ahora el dueño soy
de tu más fatal secreto,
y, por verte en él sujeto,
heme afanado hasta hoy.

Conde   Guárdalo, esclavo, hasta el fin,
como hasta aquí lo has guardado.

Tomás   Más de seis años forzado
lo guardé en tu bergantín:
no, tú los lazos has roto
con que a callarme obligabas,
Caín, cuando me dejabas
esclavo de tu piloto.
Temiste que cuando en tierra
saltara, te vendería;
pensases bien, este día
llegó, que tanto te aterra.
¿Te acuerdas, feroz pirata,
de aquel horrendo abordaje
con que distes fin al viaje
de una peruana fragata?
Con vida tan solo allí
quedamos un niño y yo.

Conde   Y ¿quién os la concedió?

Tomás   Tú; pero ¿a qué precio? Di.
Siendo parte de tu bando,
y los rayos de la ley
con tu sanguinaria grey
sobre nosotros llamando.
Te la compramos, ¡pardiez!
él con su fortuna entera,

	con su suerte venidera;
	yo, con toda mi honradez.

Conde   Basta, ¡traidor! basta ya.

Tomás   ¡Lo que adivinas te espanta!

Conde   No saldrá de tu garganta
                 lo que resta.

Tomás   ¡Oh, sí saldrá!

Conde   Primero que lo pronuncies
                 tendrá cabo tu existencia.
                 ¡Hola!

(Va a salir, y Tomás, acudiendo antes que él a la puerta, pasa el cerrojo y se coloca delante de ella.)

Tomás   A toda resistencia
                 es forzoso que renuncies;
                 no en vano a la fuerza apeles;
                 tu barco al Rey he vendido.

Conde   ¡Traidor!

Tomás   Y le he remitido
                 tu tesoro y tus papeles.

Conde   ¡Oh, furia!

Tomás   Y por conclusión,
                 envié, escrita de mi mano,
                 del abordaje inhumano

una exacta relación.
No hay, pues, para ti, Caín,
ni remedio ni esperanza,
que te aprestó mi venganza
en un cadalso tu fin.

Don Juan

Eso, jamás, ¡vive Dios!
Mi padre le hizo el destino,
y yo le abriré camino,
o moriremos los dos.

Elena

Y antes que a trance tan cruel
lo lleve tan vil traición,
pisarán mi corazón
para llegar hasta él.
Capitán, por cuanto caro
tengáis en el universo,
que en un trance tan adverso
no le dejéis sin amparo.
Habéis en su compañía
por largo tiempo vivido,
su fortuna habéis seguido,
y por su sangre os quería.

Don Juan

No, ¡por Dios! Aunque me afrente,
su sangre no negaré.

(Al Conde.)

Vuestro lugar tomaré,
y, mientras secretamente
por ese oculto camino
salís al campo los dos,
yo me quedaré por vos
a arrostrar vuestro destino.
Tomad y huid.

(Le ofrece su espada. Tomás se va a acercar. Don Juan se dirige a él con nobleza.)

Tomás   ¡Tente!

Don Juan (A Tomás.)   ¡Atrás!
                       Si tú vengas tu opresión,
                       yo cumplo la obligación
                       que hay en mi sangre, Tomás.

Tomás   ¡Rodulfo!

Don Juan   Si das un paso
                       para tocarle un cabello,
                       Tomás, por todo atropello;
                       tente a tu vez, o te abraso.

(Con una pistola.)

Isabel   ¡Padre! ¡Don Juan!

Don Juan   Id, volad.

Tomás   Pues bien, noble corazón,
                       aprende la obligación
                       de tu sangre en realidad.
                       No es la de ese monstruo fiero
                       la que corre por tus venas,
                       no; él colgó en sus entenas
                       a tu padre verdadero.

Don Juan e
Isabel   ¡Oh, no es mi/su padre ese hombre!

Tomás	No. Abordó vuestra fragata y dejó de ser pirata con su título y su nombre.

(El pirata lo oye todo con calma y fiereza.)

Don Juan	¡Ira de Dios!

Tomás	Y ve aquí la venganza que apresté; sí, cuando en ella pensé, pensé en tu padre y en ti.

Don Juan (Volviendo la pistola que tiene en la mano, al pirata.)	Cúmplase, pues...: reza, infame, tu postrimera oración.

Conde (Presentando el pecho.)	Tira; aquí está el corazón: no creas, no, que reclame ni clemencia ni piedad la fiereza del pirata, que no eres tú quien le mata, sino su fatalidad. Tira: esa ha de ser mi suerte de una o de otra manera; conque venga como quiera; nunca he temido la muerte.

Elena	¡Perdón, capitán!

Isabel	¡Perdón,

don Juan!

Tomás   ¡Tente! A la justicia
toca, y arguye malicia
impedir su obligación.

(Se oyen voces dentro, y luz de antorchas por detrás de la ventana. Algunos
tiros muy a lo lejos.)

Conde   Mas ¿qué es esto?

Tomás   Ya lo ves,
cercado el palacio está.

Conde   Mas mi gente lidiará,
¡vive Dios!

Tomás   Inútil es;
no se trata de batallas
ni abordajes, y aplicado
habrán prontos, de contado,
escalas a las murallas.

Don Juan (Dentro.)   ¡Capitán!

Conde (Asomando
a la reja.)   ¿Quién va?

Don Juan (Dentro.)   Salid
pronto, que ya los soldados
tienen los puentes forzados
y huye mi gente; venid.

Conde   Mis dueños sois, responded;

mandad lo que os venga a tino;
yo arrostraré mi destino,
pero sin pedir merced.

Tomás (A la reja.)   Rendíos a discreción,
no hay más remedio ni espacio,
porque he vendido el palacio.

(Vocería lejana.)

Elena (De rodillas.)   ¡Perdón, capitán, perdón!
Os hizo una injuria cruel,
mas también os dio la vida,
y me tenéis prometida
la suya por Isabel.
¡Oh! Tenéis tiempo y favor:
sed generoso, don Juan;
no atropelléis, capitán,
vuestra palabra y mi amor.

Conde   Alza y no ruegues, villana,
y pues que tanto me quieres,
vamos a ver cómo mueres
como buena siciliana.

Elena   ¡Ah, rendíos, capitán!
Veo que en vuestra nobleza
la ruindad y la grandeza
luchando en silencio están.

Don Juan   No, no: él en su barco a mí
guardome y me protegió:
con mal no he de pagar yo
el bien que de él recibí.

(Por la puerta secreta.)

Sea: partid, por aquí;
tal vez en la oscuridad
podéis la ermita ganad,
y estad ocultos allí.
Si mañana ambos a dos
vivís, un barco tendréis
para que a la vela os deis.
Id, y que os ayude Dios.

Elena   ¡Oh! Dejad que a vuestros pies...

Don Juan   Id, que me estáis dando afán.

Conde   Gracias, y adiós, capitán.

Don Juan   No os detengáis.

Conde   Vamos, pues.

Escena IX

Don Juan, Isabel y Tomás

(Tomás quiere hablar. Don Juan le ataja la palabra.)

Don Juan   Tomás, ninguna objeción
admito: cumplí y cumpliste:
tú con mi padre, debiste,
y yo con mi corazón.
No pensemos más en él,
y solo el placer gocemos

de ver que entrambos tenemos
nuestra dicha en Isabel.

Tomás   ¡Honra tamaña, señor,
                         a nuestra humildad villana!

Don Juan   Todo tu lealtad lo gana,
                         todo lo iguala el amor.

(Ruido en el paso secreto.)

                         Mas ¡qué ruido!... ¿Volverá
                         ese hombre? Llegan. ¿Quién va?

Escena última

El Capitán de guardacostas aparece por la entrada del camino subterráneo,
seguido de algunos soldados con armas y antorchas.

Capitán   Yo

Don Juan   Y ¿quién de esa galería
                         os mostró el paso profundo?

Capitán   Un hombre que moribundo
                         al pie de la cruz yacía.

Don Juan   ¡Oh! ¿Y los hallasteis?

Capitán   Los dos,
                         despechados resistieron.

Don Juan   ¿Se salvaron?

Capitán	No, murieron.
Don Juan	¡Ay! ¡Fue justicia de Dios!

Libros a la carta

A la carta es un servicio especializado para empresas,
librerías,
bibliotecas,
editoriales
y centros de enseñanza;
y permite confeccionar libros que, por su formato y concepción, sirven a los propósitos más específicos de estas instituciones.

Las empresas nos encargan ediciones personalizadas para marketing editorial o para regalos institucionales. Y los interesados solicitan, a título personal, ediciones antiguas, o no disponibles en el mercado; y las acompañan con notas y comentarios críticos.

Las ediciones tienen como apoyo un libro de estilo con todo tipo de referencias sobre los criterios de tratamiento tipográfico aplicados a nuestros libros que puede ser consultado en Linkgua-ediciones.com.

Linkgua edita por encargo diferentes versiones de una misma obra con distintos tratamientos ortotipográficos (actualizaciones de carácter divulgativo de un clásico, o versiones estrictamente fieles a la edición original de referencia).

Este servicio de ediciones a la carta le permitirá, si usted se dedica a la enseñanza, tener una forma de hacer pública su interpretación de un texto y, sobre una versión digitalizada «base», usted podrá introducir interpretaciones del texto fuente. Es un tópico que los profesores denuncien en clase los desmanes de una edición, o vayan comentando errores de interpretación de un texto y esta es una solución útil a esa necesidad del mundo académico.

Asimismo publicamos de manera sistemática, en un mismo catálogo, tesis doctorales y actas de congresos académicos, que son distribuidas a través de nuestra Web.

El servicio de «libros a la carta» funciona de dos formas.

1. Tenemos un fondo de libros digitalizados que usted puede personalizar en tiradas de al menos cinco ejemplares. Estas personalizaciones pueden ser de todo tipo: añadir notas de clase para uso de un grupo de estudiantes,

introducir logos corporativos para uso con fines de marketing empresarial, etc. etc.

2. Buscamos libros descatalogados de otras editoriales y los reeditamos en tiradas cortas a petición de un cliente.